U0624666

公共文化服务视角下
图书馆的采编业务建设

GONGGONG WENHUA FUWU SHIJIAO XIA
TUSHUGUAN DE CAIBIAN YEWU JIANSHE

朱 蕊 著

中国海洋大学出版社
·青岛·

图书在版编目 (CIP) 数据

公共文化服务视角下图书馆的采编业务建设 / 朱蕊
著 . -- 青岛 : 中国海洋大学出版社 , 2022.6（2023.9重印）
ISBN 978-7-5670-3171-5

Ⅰ . ①公… Ⅱ . ①朱… Ⅲ . ①图书编目－研究 Ⅳ .
① G254.3

中国版本图书馆 CIP 数据核字（2022）第 092782 号

公共文化服务视角下图书馆的采编业务建设

出版发行	中国海洋大学出版社			
社　　址	青岛市香港东路 23 号		邮政编码	266071
出 版 人	杨立敏			
网　　址	http://pub.ouc.edu.cn			
电子信箱	184385208@qq.com			
责任编辑	付绍瑜		电　　话	0532-85902533
印　　制	青岛国彩印刷股份有限公司			
版　　次	2022 年 6 月第 1 版			
印　　次	2023 年 9 月第 2 次印刷			
成品尺寸	170 mm×240 mm			
印　　张	10			
字　　数	200 千			
印　　数	801—1700			
定　　价	58.00 元			
订购电话	0532-82032573（传真）			

如发现印装质量问题 , 请致电 0532-58700166 , 由印刷厂负责调换。

前言 / PREFACE

构建现代公共文化服务体系是全面建成小康社会的重要战略目标之一。2013年11月，党的十八届三中全会通过《中共中央关于全面深化改革若干重大问题的决定》，明确提出了"构建现代公共文化服务体系，实现基本公共文化服务的标准化、均等化"，这是党中央对我国文化领域全面深化改革的重要战略部署。2013年，文化部印发《"十二五"时期公共文化服务体系建设实施纲要》，提出促进公共文化资源整合和共建、共享，加强对特定地域、特定群体的公共文化服务。2015年1月，中共中央办公厅、国务院办公厅印发《关于加快构建现代公共文化服务体系的意见》，要求统筹推进公共文化服务均衡发展，促进城乡基本公共文化服务标准化、均等化。

图书馆作为现代社会中重要的公共文化基础设施，在公共文化服务体系中具有举足轻重的地位。图书馆是对信息、知识的物质载体进行收集、加工、整理、积聚、存贮、选择、控制、转化和传递，并提供给一定社会读者使用的信息系统，也是文献信息、知识的集散地。社会文献信息生产数量大、增长快、类型复杂、形式多样；而现代的文献信息时效性增强、传播速度加快。所有这些因素都加大了文献信息流的无序状态，进而使文献信息流的流向更加分散。文献信息流的无序状态，给使用者带来极大的不便。为了使人们合理地、有效地、方便地利用文献信息，控制文献信息流的动向，就需要对文献信息流加以整序。图书馆的整序职能，通常是由对采集到的文献信息进行分类、编目、典藏等手段来实现的。整序的实质就是组织和控制。社会文献信息经过图书馆的整序就成为有序的文献信息集合体，才能为用户所利用。没有整序的职能，图书馆的性质就无法体现，图书馆就失去了存在的价值。而采编工作恰恰是图书馆整序职能的具体承担者和实现者，是图书馆工作的核心和基础，更是沟通读者与文献信息之间的桥梁。那么，图书馆如何向社会公众提供丰富的文化信息资源，如何让社会公众方便快捷地获取这些资源，成为新的历史条件下，这些公共文化服务机构必须面对的问题。

本书以公共文化服务视角下图书馆采编业务的综合性研究为目标，在公共文化服务视角下对图书馆采选和编目的相关概念、理论基础、依据与原则理论问题进行了研究，并探讨了关于图书馆采编业务建设问题，指出当前图书馆采编与公共文化服务融合的现状及障碍分析，最后提出了关于采编业务的优化策略。希望能通过这些方面丰富公共文化服务的内容体系，推动图书馆采编业务建设的多元化实现。

在编写本书的过程中，笔者引用和参阅了部分专家、学者和同行的研究成果、著作文献，在此向这些专家、学者和同行表示由衷的谢意！

由于作者水平有限，本书难免存在缺憾、疏漏和不妥之处，恳切地期望各位专家、学者、同行和读者批评指正。

朱蕊

目录 CONTENTS

第一章　基础概念与理论基础

　　图书馆本质上是一种提供公益性服务的机构，它作为政府联系群众的重要桥梁和纽带，是收藏及保存文献典籍最丰富的知识宝库，也是传播先进科技文化知识的重要阵地，更是文化信息资源共享的服务平台。开展公共文化服务视角下的图书馆采编业务建设对于普及科学文化知识，提高全民素质，进而推动社会文明的进步，具有十分重要的意义。在此基础上，本章就新公共文化服务的理论及基础、图书馆文献采访的概论及基础、图书馆文献编目的概论及基础展开分析。

第一节　新公共文化服务理论及其基础

一、新公共文化服务的概念

　　新公共文化服务指由政府公共服务部门提供，用来保证广大人民群众基本文化生活权利，给广大公民提供公共文化产品与服务的制度与系统的总称。新公共文化服务包括与新公共文化服务有关的设施、内容、资金、技术、人才、机制等多个方面。国家在制定新公共文化服务的政策时，通常会立足实际，考虑到目前社会及经济发展所处的阶段以及整体水平，做到与时俱进、契合实际，让群众的文化权益得到有效的保护。群众能够享受到的基本文化权益包括很多，如在城乡推进公共文化设施建设，让城乡居民享受到文化事业发展的成果。发布公共文化信息可以让城乡居民更好地获得与文化相关的信息以及服务，为参与文化实践活动打下坚实的基础。

二、新公共服务的理论依据

（一）新公共文化服务是公共服务的重要组成部分

　　新公共文化服务是政府在发挥职能过程中需要着重关注的一项内容。因为政府担当着新公共服务的职能，而此项职能的核心要点就是为广大人民群众提供良好的新公共文化服务。我们把公共经济学以及管理学作为重要的研究视角，认为新公共文化服务事业和经营性质的文化产业是存在本质差别的，因为新公共文化服务事业侧重点为保障社会效益，向社会提供带有非竞争性以及非排他性的公共产品以及服务。新公共文化服务事业和文化领域之中其他的经营性文化产业共同构成了国家的文化建设整体。

新公共文化服务产生于改革开放的深入发展进程当中，是在政府积极转变职能和打造服务型政府背景之下提出的，是政府新公共服务体系当中不可或缺的组成部分。新公共文化服务体系是新公共服务当中至关重要的构成要素，也是政府服务职能得以实现的重要工具。政府在落实文化管理职能的过程中，需要充分承担起新公共文化服务的职责，让人民的文化权利得到有效保障。新公共文化服务特别重视人民文化权利的获得，以及给广大人民提供文化产品和服务。这样的功能是否可以得到有效的落实，直接影响新公共服务体系的建设效果，同时还和人民对政府的满意度密切相关。要想建设让人民满意的政府，就要关注公众的文化诉求，保证新公共文化服务建设的质量。

（二）新公共文化服务是人民文化权利的基本保障

新公共文化服务简单来说就是由国家政府出资，由公共文化服务机构以免费或者是低价的方式提供给群众的文化服务。具体而言，可以给广大人民群众提供公共文化服务的机构有公共图书馆、科技馆、博物馆、美术馆、文化馆等。而文化服务的具体事项有读书、看报、公共文化鉴赏、群众文化活动等。

新公共文化服务和经营性文化产业是截然不同的，之所以得出这样的结论，是因为新公共文化服务具备以下几项根本的特点，而这些特点是经营性文化产业不具备的。第一，平等性特征。新公共文化服务以及各项服务性资源必须秉持公平分配的原则，确保公共文化设施和资源得到均衡设置以及合理化的应用，让人民均可享受到平等的、公共的文化服务，而不存在高低贵贱之分，也不存在多寡之分。第二，便利性特征。新公共文化服务应该给人们提供距离近且经常性的服务，让人们随时随地便捷性地获得公共文化服务的支持。第三，多样性特征。这里所说的多样性包括两个层面，一个层面是所提供的公共文化产品以及服务，在种类、层次、特点等诸多方面应该拥有多元化的特点；另一个层面指新公共服务所面向的服务对象是多样性的，考虑差异化群体的多元化文化诉求，同时还会给一些特殊群体提供针对性强的服务支持。第四，公益性特征。新公共文化服务部门不把获得盈利作为根本目的，而是考虑社会效益，让广大人民共享文化建设和文化发展的重要成果，让公共服务和公共产品用免费或者是以较低费用的形式让人们得到享受，带有明显的公益性特征，彰显人文关怀及对于人们文化素质培养的重视。第五，基本性特征。这里所提到的基本性特征，主要强调新公共文化服务是为满足人民基本文化生活诉求而产生的，超过基本性服务范围的，可在文化市场当中得到有关的服务和帮助。第六，普及性特征。从面向的对象方面看，新公共文化服务面向广大人民群众，所有公民普遍享有。广大人民享受的是多元化且无差别的文化服务内容，能够更加方便快捷地促进新知识理念的普及推广，也能够让广大人民的文化权利得到普遍性的保护。

在信息化时代和知识经济的快速发展进程中，图书馆的功能显现出被淡化、忽略、转移的情况，影响图书馆资源价值和服务功能的发挥，同时也在很大程度上损害了图书馆的公共服务形象，无法凸显图书馆各项服务工作的公益性特质。在21世纪初期，新公共服务理念被提出，重新强调公益性组织的价值回归，给公益性组织的图书馆带来了巨大的发展契机，使得图书馆对自身功能和定位进行重新调整，并获得更好的发展。这一举措为图书馆赢取社会公众的信任和肯定，以及重新评价自身的行业地位和作用等赋予了难得的时代机遇。

第二节　图书馆文献采访概论及其基础

一、文献的概念及分类

（一）文献的概念

文献包含两方面的内容：一是指有关典章制度的文字资料和熟悉掌故的人，二是专指有历史价值或参考价值的图书资料。《论语·八佾》中最早提到"文献"一词："夏礼，吾能言之，杞不足征也；殷礼，吾能言之，宋不足征也。文献不足故也。"朱熹在《四书章句集注》中将"文献"注释为："文，典籍也；献，贤也。"这时候的"文"指典籍文章，"献"指的是古代先贤的见闻、言论以及他们所熟悉的各种礼仪和自己的经历。《虞夏书·益稷》也有相关的引证说明"文献"一词的原意是指典籍与宿贤。《辞海》对"文献"的解释是："文献原指典籍与宿贤，今专指具有历史价值的图书文物资料，如历史文献；亦指与某一学科有关的重要图书资料，如医学文献。"信息时代对"文献"的定义是："文献是以文字、声像符号等为信号编码的，以便于长期保存和广泛传播的以物质为载体的人类精神信息的固态品。"

随着社会发展与技术进步，记录信息的载体发生了翻天覆地的变化，载体形式从甲骨、金属、竹简、绢帛、羊皮发展到纸、感光片、唱片、磁带、磁盘、U盘、手机等。文献的概念随之发展变化，目前国内外都对文献进行了统一的定义和规范。国际标准化组织制定的《文献情报术语国际标准》对"文献"的定义为："文献是记录一切人类知识信息的载体。"我国国家标准《文献著录第1部分：总则》将"文献"定义为："记录有知识的一切载体。"现代文献学专家从广义角度对文献进行了界定，认为凡是属于人类的知识，用文字、图形、符号、声频、视频等手段记录下来，固定在一定的物质载体上，都属于文献。由此可见，构成文献必须有两个要素：一要有知识内容，二要有记录知识的载体。因此，没有记录任何知识内容的纸张、录音磁带等不能称为文献；只存在于人们头脑里的知识，没有知识载体也不能称为文献。只有将知识用文字、图像等各种符号，采用书写、印刷或其他诸如光学、电磁学等方法记录在一定的物质载体上，才可以称为文献。

（二）文献、情报和信息的联系与区别

文献与情报有千丝万缕的联系，它们都是记录、传播与继承知识的手段，是人类社会活动中最基本、最主要的信息来源。两者的区别在于："文献"是各种出版物的总和，包括图书、期刊、报纸、年鉴、专利、科研报告及资料、学位论文、会议论文、手稿及声音、图像等一切出版物[①]；"情报"是指被传递的知识或事实，是知识的再激活，是运用一定的媒体（载体），越过空间和时间传递给特定用户，解决科研、生产中的具体问题所需要的特定知识和信息。

"信息"作为科学术语最早出现在哈特莱于1928年撰写的《信息传输》一文中。20世纪40年代，数学家香农给出了"信息"的明确定义："信息是用来消除随机不定性的东西。"之后，各研究领域均提出了"信息"的定义。有的人认为信息是人所生产的记录跨越时空与其他人所交流的内容，强调人对信息的感知[②]；而有的人认为信息是音讯、消息、通信系统传输和处理的对象，泛指人类社会传播的一切内容[③]；还有的人认为信息是创建一切宇宙万物的最基本的万能单位。

文献、情报和信息三者的联系与区别在于：文献是被物化了的知识记录，是为人们所认知并可进行长期管理的信息。情报是人们为解决特定问题而活化了的更为高级、更为实用的知识。情报蕴含在文献之中，但不是所有文献都是情报。

---

① 孟广均，等.信息资源管理导论[M].北京：科学出版社，2003：4.

② 孟广均，等.信息资源管理导论[M].北京：科学出版社，2003：4.

③ 严怡民.情报学概论[M].修订版.武汉：武汉大学出版社，1994：15.

文献是贮存与传递知识、情报和信息的介质。

（三）文献的分类及特点

文献的本质内涵是将知识信息用特定的符号记录在一定的物质载体上，并通过某种方式或形式进行不同程度的加工制作，最后呈现出来的物质实体。时代的发展与进步使文献的内容和形式呈现出多样性，文献的分类越来越复杂、多元。依据载体形式、内容性质、出版形式，文献可划分为以下三类。

1. 按载体形式划分

文献按照载体形式的不同，可分为刻版型文献、印刷型文献、缩微型文献、数字型文献和声像型文献。

（1）刻版型文献。

刻版型文献是以刻刀刻画或手工书写为主要方式，将知识信息内容雕刻或记录在各种物质材料上而形成的文献，主要载体有甲骨、金属、竹简、绢帛、羊皮、纸张等。此类文献包括古代的甲骨文、金文、帛书，现代的手稿、书信、会议记录、读书笔记、手抄摘要等。

（2）印刷型文献。

自从有了印刷术，很多文献都成为印刷型文献。印刷型文献是采用最多、最频繁的文献形式，是占主导地位的知识载体。印刷型文献使用方便简单、成本低廉，便于阅读和收藏。与新型的电子资源相比，印刷型文献存在一定的局限性。首先，信息存储的密度低、体积大，需要的空间多，如目前许多高校图书馆都存在收藏空间不足的现象。其次，印刷型文献受时间、气候、温度、湿度及周围环境的影响较大，难以长期保存，转移或传递文献需要大量的人力和物力，不利于实现现代信息自动化和高速度的传递与交换。

（3）缩微型文献。

缩微型文献是以感光材料为贮存载体，利用摄影技术把印刷品或手稿按比例缩小而产生的文献形式，种类有缩微胶卷、缩微卡片、缩微平片、缩微印刷品等。缩微型文献的优点是体积小，节省存储空间；保存期长，在最适当的条件下可保存500年；提取传递方便，价格便宜；规格一致，便于计算机管理和实现全文检索。其缺点是必须借助缩微文献阅读机才能阅读。

（4）数字型文献。

数字型文献是现代材料技术与计算机技术相结合的产物，是指依赖计算机系统存取，并可在通信网络上传输的文本、图像、音频、视频等文献。数字型文献也叫作电子文献。随着电子技术的进步，贮存信息的介质越来越丰富。除了原有的磁带、磁盘、光盘等介质外，目前使用更多的是手机、电脑、iPad等电子设备。在未来发展趋势中，电子文献所占比例将不断增大。数字型文献的特点是文献存贮量大、设备简单、费用低、检索速度快、应用范围广、不受时空限制、使用灵活方便。

（5）声像型文献。

声像型文献又叫作视听型文献，是以磁性材料或感光材料为载体，借助机械设备，直接记录声音信息和图像信息的文献形式，包括唱片、录音带、录像带、电影、幻灯片等。声像型文献的优点是给人以真实、直观、生动的感受，缺点是需要借助一定的机械设备和技术条件。

2. 按内容性质划分

文献按内容性质可划分为三类，即一次文献、二次文献和三次文献。

（1）一次文献。

一次文献也称为原始文献，属于原创性的文献，是直接记录科研、生产过程，报道新成果、新发明、新技术、新知识的文献，记载的知识、信息比较新颖、具体、详尽。期刊论文、科技报告、会议文献、学位论文、专利说明书等都属于一次文献。一次文献的特点是具有创造性；具有参考、借鉴和利用的价值；文种多样。

（2）二次文献。

二次文献是对一次文献进行鉴别、筛选、加工、整理而组织形成的系统文献。二次文献又可按加工深度的不同，分为目录、索引、文摘、简介等检索工具和方法。①

（3）三次文献。

三次文献是在一次文献和二次文献的基础上，经过综合分析、总结评论而编写出来的文献，如综述、专题述评、学科年度总结、进展报告、数据手册。

3. 按出版形式划分

（1）图书。

图书泛指书籍，它是人类用来记录一切成就的主要工具，也是人类交流感情、取得知识、传承经验的重要媒介，对人类文明的发展做出了巨大的贡献。联合国教科文组织对"图书"的定义是：凡由出版社（商）出版的不包括封面和封底在内49页以上的印刷品，具有特定的书名和著者名，编有国际标准书号，有定价并取得版权保护的出版物称为图书；5～48页的非定期出版物则称为小册子。一般正式图书出版物都有封面、扉页、目录、正文、参考文献、封底等内容。ISBN

---

① 张令铮.中西医学文献检索与利用[M].上海：上海中医药大学出版社，1995：1-2.

是国际标准书号的英文简称，是图书出版的唯一标识号码，就像人类的身份证号一样。[①]

图书按知识内容可分为社科类图书和科技类图书。按语种可分为中文图书、英文图书、俄文图书、日文图书及其他一些小语种图书。按使用目的可分为两类：第一类是供阅读的著作，包括专著、译著、语言类作品、文学艺术作品、教材、论文集、科普与通俗读物汇编；第二类是供查找、检索和考证用的工具书，包括索引、书目、文摘、百科全书、年鉴手册、辞典、指南等类型。按出版方式可分为单本书、套书、多卷书、丛书等。按装帧形式可分为平装、精装、线装、盒装等。按版次可分为第一版、第二版、第三版、增订版及修订版等。

图书是人类思想的产物，是一种特定的、不断发展着的知识传播工具。所以，无论古今中外，人们对于图书总是给予最高的肯定与特别的关怀。

（2）期刊。

期刊是由依法设立的期刊出版单位出版的有固定刊名，定期或不定期用卷、期或年、月顺序编号，有统一的装帧形式的一种连续出版物。

期刊根据规范性和审核批准的程序，可以分为正式性期刊和非正式性期刊两种。非正式性期刊只限于行业内交流，不公开发行。

期刊按内容可分为学术性期刊、文学艺术类期刊、政法性期刊、行业性期刊、检索性期刊、工程实用技术性期刊、资料性期刊、报道性期刊、娱乐及消遣性期刊等。期刊的特点是内容广泛、出版周期较短、信息量较大。

（3）报纸。

报纸是以刊载新闻和时事评论为主的定期向公众发行的印刷出版物。世界上最古老的报纸出现于公元前60年——古罗马政治家恺撒把罗马市以及国家发生的事件书写在白色的木板上告示市民。唐代的邸报是中国最早的报纸。印刷的报纸始于德国，随着古登堡研制了适合西方特点的金属活字印刷技术，德国于1609年率先发行定期报纸。报纸按社会职能分为新闻性报纸、商业性报纸、评论性报纸、学术性报纸、娱乐及生活类报纸等。

（4）会议文献。

会议文献是指在各种学术会议上宣读或交流的论文和报告，包括国内和国际学术会议文献。会议文献通常可分为会前文献、会中文献和会后文献三种。

会前文献主要包括征文启事、会议通知、会议内容、日程、预告、论文摘要、论文预印本等。

会中文献包括主持人对会议的简述、开幕词、领导和权威专家的讲话、学术报告、讨论记录、会议决议、闭幕词等。

① 曹均.网络环境下高校图书馆信息资源采访[M].成都：电子科技大学出版社，2008：16.

会后文献包括会议录、汇编、论文集、参会人汇报的报告、学术讨论会的报告、会议专刊等。会议录是会后根据论文、报告内容及讨论过程中的记录进行汇编，并公开出版或发表的文献。

会议文献具有重要的学术价值和社会价值。学者通过对会议文献进行学术研究，既可以了解、分析相关课题的研究状况，检索所需的参考文献，还可以了解某学科发展动态，了解学术前沿，借鉴和吸收专家的观点、方法和建议等。

（5）研究报告。

研究报告是对行业相关因素进行具体调查、研究、分析，评估项目的可行性、效果效益程度，提出建设性意见等，为行业投资决策者和主管机关审批服务的报告。研究报告有广义和狭义之分。

广义的研究报告包括实证性研究报告、文献性研究报告、理论性研究报告等。狭义的研究报告又称为科技报告或技术报告，它是科学研究进展情况的实际记录与科研成果的汇总。具体来说，是指研究单位和个人向上级或委托单位提交的关于某个课题研究成果的正式报告。

研究报告一般包括三个要素：论点、论证、论据。研究报告有一定的写作格式：第一部分包含引言、概述、研究背景和意义、研究方法和角度、研究对象与方法；第二部分包含研究内容及主要成果、现状与问题、分析与讨论；第三部分包含研究结论和说明、问题与对策、研究展望。

（6）专利文献。

专利文献是记载专利申请、审核、批准过程中所产生的各种信息的文件资料。中国自1985年4月1日实施《专利法》以来，形成了自己的专利文献体系，主要由《发明专利公报》《实用新型专利公报》《外观设计专利公报》以及专利说明书组成。专利文献具有创造性、新颖性、实用性、可靠性、质量高等特点，而且范围广泛、出版迅速、出版量大、格式规范、形式统一。

《中国专利索引》是一本检索专利文献的十分有效的工具书。该索引在1997年以前包括《分类年度索引》和《申请人、专利权人年度索引》两种，1997年增加《申请号、专利号索引》。

（7）学位论文。

学位论文是高等院校或研究机构的学生为获得学位，在导师指导下完成的学术论文或科学实验成果的书面报告，一般分为学士论文、硕士论文、博士论文三个级别。学位论文具有一定的学术水平和研究价值，尤以博士论文质量最高，是具有一定独创性的科学研究著作，也是收集和利用的重点。

按照研究方法的不同，学位论文可分为理论型论文、实验型论文、描述型论文。按照研究领域的不同，学位论文又可分为人文科学学位论文、自然科学学位论文两大类。

（8）标准文献。

标准文献是对工农业新产品和工程建设的质量、规格、参数及检验方法所做的技术规定。它是一种经权威机构批准的规章性文献，具有一定的法律约束力，如政府公报、会议文件和记录、法令汇编、调查统计资料。1901年，英国成立了第一个全国性标准化机构，同年世界上第一批国家标准问世。中国国家标准（GB）由国家标准化管理委员会发布。

标准文献有四种类型：国际标准、国家标准、部门标准、企业标准。特点是具有固定的代号，标准格式整齐划一，具有法律效力。随着经济的发展和科学技术水平的提高，制定者对标准不断进行修订及更新，使其拥有很强的专指度。另外，标准文献具有自身的检索系统。

（9）产品资料。

产品资料包括产品目录、产品样本、产品说明书、产品总览、产品手册等。它是厂商为了宣传和推销其产品而印发的免费赠给消费者的宣传和使用资料。[①]产品资料主要是对定型产品的性能、构造、用途、用法和操作规程等做出具体说明，其数据真实可靠，内容详细、精准、直观。

（10）档案文献。

档案文献包括文书档案和科技档案。它是国家机构、社会组织以及个人从事政治、军事、经济、科学、技术、文化、宗教等活动直接形成的具有保存价值的卷宗材料，有一定的保密性。对于保密性强的资料，要出示一定的证明材料才能查阅。档案文献有文字、图表、声像等多样化的记录形式。

档案文献有个人档案与集体档案之分。一般是内部使用，不公开出版发行，具有保密性，常限定使用范围。我国已经建立起各级别的档案局（馆），有国家、省、市和县四级档案行政主管体系。

（11）其他出版物及文宣物品。

简介性的出版物和文宣物品主要包括宣传册、传单、价格表等印刷品。图片文献包括地图、地质图、行政区域图、各类展示图、范图、照片、书画作品等。[②]

二、文献采访

（一）文献采访的概念

文献采访是图书馆一项重要的基础工作，随图书馆的发展而发展，与图书馆

---

① 肖希明.信息资源建设[M].武汉：武汉大学出版社，2010：11-13.

② 王细荣，吕玉龙，李仁德.文献信息检索与论文写作[M].上海：上海交通大学出版社，2015：7.

的兴衰共存共荣。各行业专家对文献采访的定义和看法并不一致。美国阿瑟·柯利和多萝西·布罗德里克在《图书馆藏书建设》中将文献的采访分为选书和采访两个环节，认为选书应由具有一定专业技术的人员来完成，即由图书馆的馆员完成；采访的主要工作是文献选择后的订购，属于后续跟进的后勤工作，由图书馆中的办事人员来实现，可由非专业人员担任。①

顾敏在《图书馆采访学》一书中认为，文献采访只是单一的图书馆采访，并提出图书馆采访有广义和狭义之分。广义的图书馆采访是指为图书馆馆藏建设所做的觅求、拣选与收集等工作；狭义的图书馆采访是指单纯为图书馆馆藏建设而进行的收集工作。②

《中国大百科全书》认为，文献采访是根据各自的目标和读者需要，图书馆及其他文献情报机构选择文献，并通过购买等多种方式获取文献，补充和完善馆藏建设，满足读者需求的过程。

黄宗忠认为，文献采访是根据图书馆的自身实际情况，在经费状况允许的情况下更多地考虑读者的需求，通过觅求、选择、采集等方式建设馆藏，并不断采选新出版物，补充图书馆馆藏的过程。③黄宗忠对文献采访的定义强调了三个方面的内容：其一，文献采访是一种连续不断的过程；其二，文献采访工作是按图书馆的要求实施的；其三，文献采访需要一定的方式和技巧。他认为文献采访又可以称为文献采选、图书选择、图书采访、藏书建设、藏书补充、文献资源建设等，在图书馆建设中具有重要性，随图书馆的存在而存在。对于一个图书馆的馆藏建设情况，主要根据文献采访质量的优劣评判。因此，图书馆对文献采访工作的要求越来越严格和规范，有些高校图书馆对采访人员的资质和学历有一定的条件和要求。图书馆要明确文献采访的概念和范围，筹划和推进文献采访工作，并使之符合现代图书馆的要求。④

杨肥生在《文献采访学研究》中认为，文献采访是图书馆（文献情报机构）为建立馆藏文献而进行的文献选择、获取等工作。文献采访的对象是各种文献，不仅仅只有图书；"采访"本身有选择、搜集、寻访、收取等含义；文献采访与图书馆对应的管理机构设置相一致，图书馆都设有采访部或采访编目部等部门。⑤

① 柯利，布罗德里克.图书馆藏书建设[M].佟富，译.北京：书目文献出版社，1991：15.

② 顾敏.图书馆采访学[M].台北：台湾学生书局，1979：5-6.

③ 黄宗忠.文献采访学[M].北京：北京图书馆出版社，2001：5.

④ 韩红予，张联锋.高校图书馆文献采访理论与实践[M].武汉：武汉大学出版社，2012：19-20.

⑤ 杨肥生.文献采访学研究[M].合肥：安徽大学出版社，2005：2-7.

文献采访一词在图书馆学的专业术语中具有专指性。杨肥生提出文献采访活动具有四个要素：第一，谁在采访；第二，为何采访；第三，采访什么；第四，怎样采访。这四个要素表明了文献采访的实施者（即文献采访的主体是图书馆，也指的是图书馆采访）、文献采访的目的（即文献资源建设，强调文献采访对文献资源建设的主导作用，文献资源建设还需要对采访的文献进行加工、组织、保存和保护）、文献采访的内容（文献采访的对象是文献，而非出版物）、文献采访的方式（包括选择、获取等方式），充分体现了文献采访在图书馆专业术语中的位置。文献采访包括文献选择、文献获取、文献交换、文献采购等内容。文献采访与文献分类、文献编目、文献流通等几个环节相互关联、相互牵制。

综上所述，对文献采访比较统一和规范的定义应为：文献采访是指图书馆文献采访工作，是各图书馆根据自身的性质、任务、读者需求、经费状况等，通过觅求、选择、采集等方式进行文献资源建设的过程。因此，也可以称之为文献采选。

文献采访工作是图书馆文献资源建设的重要环节，它直接影响着图书馆藏书的质量，与读者需求的满足程度息息相关，是图书馆文献资源建设持续稳定发展的一个重要因素。

（二）文献采访经费与出版发行分析

1. 经费分析、预算及分配

文献采访需要进行经费分析、经费预算及经费分配等，具体应遵循以下原则。

（1）重点、新增种类优先采访原则。

文献采访要与社会的发展和建设联系起来。图书馆对重点文献的建设水平代表该图书馆的总体水平。图书馆优先采访重点文献是整个文献资源建设的核心问题之一。另外，对新增的文献资源进行采购是对图书馆采选业务建设的基本支撑。

（2）经费合理分配原则。

图书馆要根据重点设置和建设等具体情况，均衡地使用和分配经费。图书馆文献采访工作要全面和系统，既要保证重点文献的深度和广度，还要考虑读者普遍性和常规性的特点，满足读者对文献的需求。①

（3）互补性采访原则。

文献资源建设包括纸质资源和电子资源，两者相互补充、相互支撑。图书馆在经费预算过程中要协调好两者的关系和比例，根据业务建设的特点和对文献的

---

① 俞国琴.图书馆文献配置价值链创新研究[M].上海：世界图书出版公司，2014：103-109.

要求做好经费分配。

（4）分析借阅率和流通率原则。

图书馆要定期对文献的借阅率和流通率进行统计，分析借阅率和流通率高的文献，视具体情况合理加大此类文献的采访力度。

2. 出版发行分析

（1）国际出版行业概况。

20世纪90年代以来，全球大力发展文化产业，文化产业属于"朝阳产业"和"黄金产业"。文化产业主要由新闻出版发行、广播电影电视、文化信息传播、文化艺术及文化创意等服务业组成。欧美发达国家是出版大国。2012年6月，法国《图书周刊》、德国《书业报告》、美国《出版商周刊》、英国《书商》和巴西《出版新闻》五家业内权威杂志联合公布了2011年销售额超过1.5亿欧元的全球54个图书出版集团。①美国出版商协会公布的年度《统计快照》显示，2015年，美国出版业净收入为277.8亿美元，销售量为27.1亿套（册）。净收入以及销量与2014年基本持平，收入与2014年相比下降0.6%，而销售量却比2014年增长0.5%。在线零售仍然是出版商创收的主要渠道，2015年的市场份额为37.4%，销售量为8.06亿套（册）。目前，图书出版形式呈多样化，多媒体技术推动了网上销售，促进了物流业的发展和繁荣。另外，现代化信息技术使按需印刷、实时销售、零库存、全面营销分析等得以实现。

（2）国内出版行业概况。

目前，我国出版业呈现出出版品种、营业收入、利润总额稳步增长的趋势。但是，要想在竞争中立于不败之地，让中国出版业走出国门，增强中国出版业的国际传播能力，还需要在培育和推进中国出版价值体系、推进融合出版、开展国际合作、打造中文主题图书数据库四个方面下功夫。原国家新闻出版总署统计数据显示：2017年，全国出版新版图书255 106种，总印数22.74亿册（张），总印张230.05亿印张，定价总金额690.39亿元，与2016年相比，品种增长1.32%。重印图书257 381种，总印数53.87亿册（张），总印张464.26亿印张，定价总金额918.55亿元，与2016年相比，品种增长8.39%，总印数增长5.25%，总印张增长9.26%，定价总金额增长17.31%。租型图书总印数15.83亿册（张），总印张113.73亿印张，定价总金额122.31亿元，与2016年相比，总印数增长4.81%，总印张增长2.78%，定价总金额增长4.98%。这些数据反映出出版产业继续保持了较强的可持续发展能力。截至2017年底，全国共有出版社585家（包括副牌社33家），其中，中央级出版社219家（包括副牌社13家），地方级出版社366家（包括副牌社20家）。其中，大学出版社在出版量、参与国家出版项目、开展版权贸易以及表彰

① 张林初.2011全球图书出版业54强概况（上）[J].出版参考，2013（5）：49-51.

评奖等方面都呈稳步上升的发展趋势。

（三）文献采访工作的具体内容

文献采访工作是图书馆的基础性工作，文献采访质量直接影响到馆藏文献的质量。文献采访工作辐射面广，了解科研课题的研究内容、进展情况、出版动态等信息，有计划、有目的、系统地搜集文献是文献采访工作的第一关。文献采访工作的具体内容包括制定采访标准，确定采访计划和文献搜集范围；研究出版动态，关注图书市场变化、汇率变化，调查文献信息来源与涉及的内容和价值；调查读者需求，满足读者需要；对书目进行筛选、查重，发现重要文献的馆藏遗漏情况后要及时补充；领导和专家小组审核初选书目；领导与专家小组及采访人员根据读者需要和馆藏建设要求订购文献，采选人员发订单给供货商；建立文献采访档案，将要采访的资料归档；新书到货验收登记；馆员对未收到的书进行跟踪和反馈，供货商采取补救措施；处理财务报账问题，如付款和记账；新书验收完后，移送编目部门进行文献信息的著录；采选的人员及时收集读者反馈信息，定期做好馆藏质量评估，根据各评估结果进行复选与剔除工作；协调采访部门与其他部门的各项工作。具体工作内容在本书第三章"图书馆文献采选业务建设"中有详细的介绍。

第三节 图书馆文献编目概论及其基础

一、文献编目的概念

图书馆编制的图书目录是一种揭示馆藏图书内容、辅导阅读、宣传图书的特殊检索工具，图书目录编制的主要目标在于检索、识别和揭示馆藏图书文献，从而解决人们对图书文献资料的诸多需要。简而言之，检索文献和揭示文献是图书目录内涵的本质属性。而在这两个属性中，揭示文献是前提条件。具体而言，图书目录要想发挥检索职能必须健全文献记录，强化文献报道的实时性和文献识别的精确度。检索文献是从图书目录揭示文献属性的派生属性，却成了当前图书目录的关键职能，即图书目录编制的主要目标就在于检索文献。图书馆通常设有著者目录、书名目录、分类目录。基于诸多客观因素的局限，这些目录结构仅仅能够提供给读者图书文献资料的外形特征，能够满足读者检索特定著者和书名的图书文献资料的需要，也能够确保一般性的阅读服务和书刊流通工作。

二、文献编目的作用

文献编目的主要作用和意义就在于通过编制目录对文献信息整序，对文献进行书目控制，通过目录控制文献的存在状况和存在特征，从而达到传递文献信息、指导阅读和提供检索的目的。通俗地说，也就是为书找读者，为读者找书，从而节省读者时间。

（一）揭示馆藏文献

图书馆馆藏文献是长期积累的结果，内容涉及古今中外各个领域，语言文字种类繁多。文献编目就是通过对文献的客观描述，向读者展示馆藏，提供识别馆藏的根据。从宏观上看，文献编目是为了全面反映馆藏，报道馆藏的数量、质量、种类以及在图书馆的组织与分布状况，使目录使用者了解现有馆藏的概貌；从微观上看，它模拟每一个个体文献，描述文献的识别特征，显示一种文献与其他种文献的区别与联系，是某种文献的缩影，使目录使用者可以区分、鉴别、选择著作和版本。

（二）提供检索依据

众所周知，占有必要的材料，对于治学和科学研究工作极为重要。这些材料除直接来源于社会实践之外，还必须间接从查阅古今中外的文献中获取，两者是互相补充、相辅相成的。随着现代科学技术的迅速发展，文献不仅数量剧增，而且形式日趋多样，这就使得巨大的文献财富与读者的一定需要之间发生矛盾，因此必须有一种帮助读者了解、掌握文献状况，并在这个基础上能够根据自己的需要进行选择的工具和方法，对馆藏文献进行编目正是为了向读者提供这种现实的工具和方法。首先，通过编目可以向读者反映图书馆收藏了哪些文献，包括现实馆藏和虚拟馆藏。其次，可以向读者反映图书馆年收藏的文献在内容和形式上具有什么特征，包括文献的所属门类、主题，文献的名称、版本等，从而在一定程度上指导读者选择所需文献。第三，向读者反映本馆的馆藏特点，如何种文字、何种内容的书刊收藏较为丰富，何种类型的文献属于本馆特藏。第四，向读者反映馆藏文献的收藏地点，基于计算机技术和现代信息技术的发展，读者只要登录图书馆自动化系统就能通过各种检索途径了解到某一文献收藏于哪个书库、哪个阅览室，甚至是哪个书架上，从而为自己的借阅工作确定一个明确的目标指向。

（三）有效管理馆藏文献

有效管理馆藏文献是文献编目工作的另一个重要意义。通过编目，对文献形态和有关业务信息进行记载，可以帮助有关人员掌握文献的去向，了解文献的物理状况，从而维持文献排列的有序性，并保持馆藏文献与馆藏记载的一致性，为图书馆的各项业务工作，如采访、典藏、流通、参考咨询提供最基础的信息平台。采购人员可以根据中央书目库的书目数据，掌握各类文献的入藏情况，确定采购重点，拟定采购计划，防止采购工作的盲目性；读者服务部门可以根据书目信息掌握馆藏内容，发布新书通报，举办新书展览，解答读者咨询，提高服务质量；馆藏人员可以根据书目信息掌握馆藏情况，随时清点馆藏数量，编制各种统计报表等。

第四节 公共文化服务与图书馆采编业务相融合的意义

在信息化时代以及知识经济的快速发展进程中，图书馆的功能显现出被淡化、忽略、转移的情况，这影响到图书馆资源价值和服务功能的发挥，同时也在很大程度上损害了图书馆的公共服务形象，无法凸显图书馆的公益性特质。21世纪初，伴随新公共文化服务理念的提出，重新强调公益性组织的价值回归，这个属于公益性组织的图书馆带来了巨大的发展契机，使得图书馆可以对功能和定位进行重新调整，并获得更好的发展。这一举措为图书馆赢取社会公众的信任和肯定以及重新评价自身的行业地位和作用等赋予了难得的时代机遇。

另外，图书馆的性质充分体现了新公共文化服务的核心——公共性，并准确地将其传递给大众。图书馆对所有大众免费开放，真正做到了公共开放，同时通过采编业务的发展为人们提供各种有益的、积极向上的文献资料，以彰显图书馆的丰富内涵。

一、有利于推动文化大发展大繁荣

一方面，图书馆作为一种独特的服务体系，拥有完备的体系构架和完善的服务支撑。它覆盖了社会的各个层面，具有很强的广泛性和包容性。阮冈纳赞说："图书馆是一个不断生长的有机体。"随着历史的发展，图书馆也经历了一个逐渐完善的成长过程，并形成了较为完整的图书馆管理理论。另一方面，图书馆的采编业务作为一种媒介，为人们接受知识提供了便捷的渠道，是丰富图书馆内容的重要构成。而图书馆不仅有丰富的馆藏图书资源，而且是人们交流、娱乐的较好选择和丰富精神生活的重要途径，其所具有的文化氛围、价值理念等都凸显出它在体系建设过程中不容忽视的地位。

此外，在这个信息化时代，文化资源的数量在飞速增长，但同时呈现无序杂乱的状态，给读者造成了极大的不便。图书馆通过发展采编业务将各种资源进行分类整合，运用科学的管理方式使杂乱的信息资源变得有序，为人们的有效使用也提供了方便。而且，图书馆采编作为一种传递公共文化的手段，承载了文本内容和知识内涵，并通过业务的逐步建设使用这种具象的表达方式将知识传递给人们。图书馆采编业务的飞速发展可以提高人们的知识素养，营造"人人读书"的社会风气，为社会和国家的发展进步打造坚实的文化基础。在创建"知识型社会"的大环境下，图书馆想要充分发挥自身功能，就必须把服务公众摆上议事日程。图书馆要将服务深入公众，深入社会的各个阶层，深入学校、机关、社会团体的各个领域。

二、保障公共文化权利的实现

（一）公共文化权利概念界定

公共文化是指由政府主导，社会参与形成的普及文化知识、传播先进文化、提供精神食粮、满足人民群众文化需求、保障人民群众基本文化权益的各种公益性文化机构和服务的总和。仅从语词含义来说，"公共"是一个相对于"个体"或"私有"的概念。然而，"文化"却是一个集"人化"与"社会化"于一体的术语。也就是说，"文化"从来都具有不容忽视的公共性。只要有社会存在，就必然有公共文化存在。公共文化是一个伴随社会发展的必然产物，也是一个社会存在与延续的基本要素。显然，公共文化是一个相对经营文化而言的概念，也是一种为满足社会的共同需要而形成的文化形态。基于全民参与、共享与非营利的性质，人类文化有史以来就强烈地表现为公共文化。不管人类发展社会怎样产生、演化与发展，公共文化自始至终都是依赖人类、扶持人类而实现自身价值。

公共文化主要是相对于经营文化而言的特殊范畴，同样涉及物质形态、精神内涵、人文意蕴等各个层面。从内涵来看，它是整体性、公开性、公益性、一致性等内在公共性的文化，体现着大众群体的公共观念和文化价值；从外延来看，它是指包括文化场所、文化活动、文化产品等一切公共文化资源在内的物质范畴。公共文化是社会可持续发展并形成社会凝聚力的根本因素，是实现人与社会和谐发展的重要条件。由于公共文化是社会大众互相作用的结果，它必然深刻地影响着作为社会个体的人。也就是说，人的活动创造了公共文化，公共文化反过来作用于人的发展。当前，文化被称为社会或城市的灵魂，因而倡导、发展公共文化无疑是实施文化强国战略的重要决策。公共文化具有偏重于社会公有共享的文化属性，强调为社会全体民众共同作用所形成的文化形态。因此，在公共文化活动领域，有人人参与、人人享受与人人创造文化的基本观念。

简而言之，公共文化权利就是人们"文而化之"的权利，就是获得公共文化利益的权利。这里的公共文化利益，包括接受教育、修身养性、愉悦自我、展现自我、实现自我等个体性利益，还包括尊重同质或异质文化及其遗产、维护集体信仰、维护共同体利益、维护民族自尊、维持良好社会（伦理）关系、保持文化多样性等社会性利益。可见，公共文化利益涉及人类生存与发展的方方面面。可以说，人是文化的存在，人类是追求文化利益的动物。

（二）保障公共文化权利的意义

从国际上看，公民的公共文化权利始终未能得到应有的重视。因此，公共文化权利常被称为人权中的"不发达部门"。所谓"不发达"，是指相对于其他种类的人权而言，如公民权利、政治权利、经济和社会权利，公共文化权利在范围、法律保障和可执行性上相对不成熟。这是不应该的。人作为文化的存在，公共文化权利应该是人之为人应具有的基本权利，没有公共文化权利保障的人是不完善的人、不自由的人、不幸福的人。

（1）尊重和保障公民的文化权利，是保护人权事业的重要组成部分。

联合国教科文组织于2001年11月通过的《世界文化多样性宣言》指出，"公共文化权利是人权的一个组成部分，它们是一致的、不可分割的和相互依存……每个人都应当能够参加其选择的文化生活和从事自己所特有的文化活动"。人权制度的一个重要特点是内容和地位上的无差别性。20世纪末在维也纳召开的联合国世界人权大会上，阐明了这种无差别性："所有人权是世界性、无差别、互相依赖和互相联系的。"各类人权，没有等次之分、优劣之分。因此，公共文化权利同政治权利、经济和社会权利一样，同等重要。正如《德黑兰宣言》第13条宣称的那样："人权及基本自由不可分割，若不同时享有经济、社会和公共文化权利，则公民权利及政治权利绝无实现之日。"

（2）公民文化权利的充分实现，是"人的全面自由发展"的基本表现。

文化——"文而化之"是人类文明的基本样态，是人区别于动物的重要标志。通过文化的沐浴，人才能摆脱自然和"野性"的束缚，成为能够自觉感受自由和幸福的高级动物。从社会的角度看，人已成为"文化的存在"，必须首先具有基本的公共文化权利。公共文化权利保证人的文化自由。只有政治权利、经济权利而没有公共文化权利的人，是不全面、不自由的人。

（3）保障公民的公共文化权利，是增强国家文化实力的需要。

随着社会文明程度的提高，国家的文化实力同经济实力、科技实力、国防实力一样受到重视，越来越多的国家开始空前重视国家的公共文化政策和公民公共文化权利的保障问题。人们已普遍认识到，文化的繁荣是发展的最高目标，文化的创造性是人类进步的源泉，文化的多样性是人类最宝贵的财富。许多国家、地区和城市高瞻远瞩，以此思想为指导，兴起了制定系列文化战略、文化政策的潮流。如我国《国家"十一五"时期文化发展规划纲要》指出，"文化既为经济社会全面协调发展提供强大的精神动力，也是经济社会发展的重要内容。当今世界，文化与经济、政治相互交融，与科技的结合日益紧密，在综合国力竞争中的地位和作用日益突出，越来越成为衡量一个国家综合实力强弱的重要尺度之一。在复杂的国际环境中，要赢得国际竞争，不仅需要强大的经济实力、科技实力和国防实力，同样需要强大的文化实力。"关于国家的公共文化实力与公民的公共文化权利的关系问题，我们很容易得到这样的经验性判断：文化实力强大的国家，必然是公民文化权利得到充分保障的国家。同理，我们也容易形成这样的反诘性判断：公民的文化权利得不到充分保障的国家，何以成为文化实力强大的国家？

对国家或政府来说，保障公民的公共文化权利，其实质内涵是满足公民的基本文化需求，而要满足公民的基本文化需求，就必须建设公共文化服务体系。其中，公共图书馆就是公共文化服务体系中的重要组成部分。

在社会公共文化服务体系中，公共图书馆为公众提供学习知识（社会阅读）的场所、文化休闲和观赏的场所，而发展图书馆的采编业务能使公民获取信息更加自由与便利，发挥了其他文化设施不可替代的重要作用。正因为公共图书馆具有这些不可替代的重要作用，所以，现代民主国家的公民们把他们获得"共同期望乃至珍视的图书馆服务"的权利，当作自己应该享有的文化权利之一来看待。

三、有利于学习型社会稳步推进

图书馆是公众的终身学堂。绝大多数国家的宪法明确规定：公众享有接受教育的权利，享有获取知识的自由。教育是公众个人持续获得生存与发展的前提条件，也是社会整体不断发展与进步的基本保障。在人类教育事业之中，学校教育、社会教育和家庭教育是三种最基本的教育形式，无论哪种教育都离不开文献资料的支撑与辅助。因此，图书馆在学校教育、社会教育和家庭教育中都占有重要地位，尤其是近现代以来，图书馆已经成为社会教育的中坚力量。在欧美发达国家，图书馆是中小学学生及学前儿童的快乐天堂，他们经常在课下去图书馆学习、交流与娱乐。早在古希腊时期，终身教育的思想观念已经开始萌发，譬如当时有柏拉图的哲学教育思想和亚里士多德的闲暇教育理念。及至文艺复兴与工业革命兴起后，以成人教育为核心的终身教育理念逐渐发扬光大。1965年，法国成人教育家保罗·郎格朗发表了《论终身教育》的报告书，提出了终身教育的概念并界定了其内涵和外延，从而促使终身教育成为一种世界性的教育思潮。学习型组织、学习型政府、学习型城市与学习型社会等建设风潮愈演愈烈，图书馆无疑是实施终身教育（学习）的最佳场所。发展文化的基础是发展图书馆的采编业务，而图书馆应该成为地方的信息中心与教育中心。

学习型社会建设的目标旨在打造终身学习、人人学习的学习平台，这需要完善的文献资源保障体系的保障。图书馆作为服务网络的重要节点，不仅是地方的文献信息中心和文化休闲中心，而且是民众的终身学校和交流场所，为学习型社会建设奠定了坚实基础。图书馆的采编业务建设应打破传统图书馆区域间的独立运营模式，将各个独立的图书馆整合为统一的服务网络，有效促进各馆间的互动合作；大力推广各类图书流动服务，让各类资源真正地动起来，实现图书馆（室）"小馆舍、小馆藏、大流动、大资源"；提供网络信息资源的检索、阅览、咨询平台，进一步完善网络信息服务体系。

学习型社会建设也得益于学习型文化的保驾护航，图书馆是信息获取、持续学习、终身教育等文化理念的孵化地。图书馆作为一种为保障社会民众文化权利而设置的制度性公共产品，无疑承担了提供公益性文化服务的职业使命。图书馆通过具体业务行为（如对文献的采访选择、推荐、导读、评定乃至类别编目）直接影响人们的文献接受与文化理解，参与社会文化的塑造与定型，具有独特的文化构建能力。图书馆是社会的公共文化设施与精神文明载体，它促进了人类文化遗产的社会传承，也提供了和谐社会构建的文化阵地。

学习型社会建设离不开社会文化的支撑，图书馆是社会文化传承、弘扬与创新的场所。图书馆是为一定地域内的所有居民服务的具有公益性、教育性、休闲性等特征的文献信息集散场所，具有培育社会文化、传递实用信息、开展社会教育、开发闲暇时间等不可忽视的功能。它是图书馆系统的一种纵向延伸和横向拓展，肩负文化的传承、导向、规范与整合等职责。图书馆是集信息服务、文化休闲、教育培训于一体的基础性公共文化服务设施，具有促进社会发展、培育社会文化、开发闲暇时间、传递实用信息等功能。总而言之，图书馆是社会公共文化事业的重要成员与文明发展程度的重要标志，它的文献采编业务肩负着传承社会文化、提供文献资料、开展信息交流、传递社会信息、开发智力资源、开展社会教育、提高民众素质、促进社会和谐的重要职责。没有图书馆采编业务的融合发展，就没有社会文化的蓬勃发展，就没有学习型社会的稳妥推进。

第二章　图书馆采编与公共文化服务融合的依据和原则

　　图书馆采编与公共文化服务融合对于提升新时期公共文化服务体系建设质量具有十分积极的意义。因此，从现代服务体系建设方面推进公共图书馆采编建设业务的优化，已经成为目前很多现代社会文化服务机制建设人员高度关注的问题。而现代图书馆的采编与公共文化服务融合需要一定的理论基础支撑，所以从这个角度出发，本章主要论述了图书馆采编与公共文化服务融合的理论与现实依据、图书馆采编与公共文化服务融合的法律依据以及图书馆采编与公共文化服务融合的原则。

第一节　图书馆采编与公共文化服务融合的理论与现实依据

一、图书馆采编与公共文化服务融合的理论依据

　　图书馆采编与公共文化服务融合既不是人们心血来潮的超常设想，也不是单纯地弥补供给不足的应急举措，其背后有着多个方面的理论依据，主要包括图书馆的性质、业务建设及其公共产品属性。

（一）性质

　　图书馆作为重要的公众文化服务社会机构，纵向上来看继承和发展了人类文明，横向则起着知识创造和知识利用的中介作用。图书馆以收集为手段，以存储

为过程，以传递为目标，把知识信息传播给不同的读者，从而达到交流信息的作用。从图书馆的性质来看，其社会性、服务性等都规定着它必须为公众提供文化服务。

1. 社会性

社会性作为图书馆的一般属性，指图书馆是为人们提供传统纸质文献、现代数字资源等服务的社会文化服务机构。图书馆的产生是人类社会发展的产物，它所贮藏的资源是全人类共同的精神财富，是人类集体智慧的结晶，它存在的意义就是通过提供阅读、咨询服务等方式，促成知识的传播和信息的交流。图书馆的服务对象——用户，具有社会性质。图书馆的文献、电子资源也具有社会属性。整个图书馆事业和图书馆的工作都是社会活动的一部分，直接介入社会的政治、经济、科学、文化领域，因此图书馆也具有社会属性。

2. 服务性

服务性是指图书馆在知识的生产与知识的利用之间所起到的桥梁作用。图书馆作为社会知识交流系统中的一个环节，其服务性和中介性是这种桥梁作用的最好体现。图书馆并不创造文献，自身也不利用文献，它所做的是采选和编目整理、加工文献等一系列工作，都是为后续的信息服务所做的准备，其目的是最大限度地发挥文献的作用。随着知识经济的发展，人们对信息的需求不断增强，终身学习已成为人们提高生活质量的重要方式。图书馆的采选业务作为知识信息的重要业务领域，应当充分发挥自身资源的优势，成为地区的信息建设中心，为民众提供信息支持，满足民众的信息需求，为社会经济文化的发展提供智力支持。

（二）业务建设

图书馆作为人类精神文明的集散地，不仅是一个国家和民族文明成果的积累，还是一个国家不断走向文明富强的支撑，肩负着满足科学研究和社会公众教育文化需求的双重职能。图书馆对提高公民的文化素养起着重要的作用。国家图书馆对图书馆业务建设的说明，具体包括图书馆采、编、阅、藏、参的全业务流程，并按工作性质和工作流程分别编写，包括文献采选工作、文献编目工作、读者服务工作、文献库房管理工作、参考咨询工作、数字资源建设工作、文献缩微复制工作、信息化工作、文献保护与修复工作等。但是伴随着网络技术、信息技术的发展及人们对自身科学文化素养提升的需求，图书馆的采编业务建设也不断延伸。国际图联和联合国教科文组织在《图书馆服务指南》中明确提出，图书馆是个人和社会团体正式与非正式的社会活动的中心，特别是在无法提供聚会场所的社区，例如，举办各类讲座、为社区民众提供聚会交流的场所，这对不断促进我国社会主义精神文明建设有着重要的意义。

（三）公共产品属性

1.公共产品理论的发展

公共产品理论是新政治经济学的一项基本理论，该理论认为社会产品分为公共产品和私人产品。1954年，萨缪尔森在《公共支出的纯粹理论》中对公共产品的定义是：纯粹的公共产品或劳务是这样的产品或劳务，即每个人消费这种物品或劳务不会导致别人对该种产品或劳务的消费减少。而且公共产品或劳务具有与私人产品或劳务显著不同的三个特征，即效用的不可分割性、消费的非竞争性和受益的非排他性。1965年，布坎南在他的《俱乐部的经济理论》中对公共产品进行了讨论，公共产品的概念再次得以拓宽。他认为只要是集体或社会团体决定，为了某种原因通过集体组织提供的物品或服务，便是公共产品。

2.公共产品的三个特性

（1）效用不可分割性。

如果是私人产品，我们可以将其分割成大量能够进行买卖的单位，谁购买，谁就能够受益。但是公共产品并非私人产品，是不能够进行分割的，其中国防、外交等是非常典型的公共产品，都是不能够分割的，也是无法分割的。

（2）受益非排他性。

私人产品是个人占有的，只有占有人才能够对其进行消费和使用，并从中受益，但是在面对公共产品时，任何人对产品的消费都不能够减少他人对产品消费的价值，而且公共产品并不排除他人对产品的消费，任何人都能够从中受益。

（3）消费非竞争性。

消费非竞争性，可以通过两个重要指标，其中一个指标是边际生产成本是零，也就是说，在已有公共产品供给的水平层次上，新增消费者不必增加供给成本，如公共照明。另外一个指标是边际拥挤成本是零。也就是说，公共产品规模得到确定的情况之下，消费人数发生改变，并不会造成边际拥挤，不会使成本发生改变。边际拥挤成本为零是区分公共产品类型的标准。

二、图书馆采编与公共文化服务融合的现实依据

（一）图书馆采编与公共文化服务融合的必要性

1. 全面建设小康社会的需要

（1）经济发展的需要。

21世纪是知识经济、信息经济时代，知识信息在各行各业创新发展竞争中的作用日益突出。与此同时，随着计算机和网络技术的发展及其在图书馆中的广泛应用，广大用户的信息需求有了明显的变化，他们不再满足图书馆提供的纸质文献或简单的一次、二次文献，而是希望图书馆能够提供更为精准的信息和知识服务。对此，许多图书馆需要结合新公共文化服务的要求，提升图书馆采编业务的建设，满足广大用户的知识信息需求。

（2）建设和谐社会的需要。

在经济全球化的21世纪，部分外来文化以各种形式对我国民众进行侵蚀，一些与主流文化、传统文化不协调甚至相悖的快餐文化、虚拟文化、消极文化在网络和新媒体中流行。以习近平同志为核心的党中央提出了建设文化强国，树立文化自信的战略要求。对此，图书馆在采编时应一方面大力加强传统文化、主流文化的宣传和教育，建立起较强的反映主流文化的文献信息资源系统；另一方面还要充分重视多元文化群体，尤其是过去被忽视了的少数或弱势群体，向社会用户提供高质量文化服务。

（3）满足人们日益增长的精神文化需要。

在网络信息技术飞速发展、社会经济迅猛进步、人们生活质量持续上升的背景下，人们对于文化生活和精神的追求变得非常迫切，而在物质生活得到富足之后，人们渴望在精神方面得到良好的享受，实现精神的富足。面对这些不断上升的精神文化需要，发挥图书馆的积极作用，优化图书馆的各项采编业务，能满足读者的内在需求，也能够让他们得到优质满意的服务。

2. 我国图书馆事业改革发展的要求

进入21世纪，全社会对图书馆等高层次文化设施的需求增长迅速，但图书馆事业的发展远远跟不上社会需求的增长。首先，总量偏少，我国图书馆的数量还远没有达到国际图书馆协会联合会（以下简称"国际图联"）每两万人一个图书馆的标准；其次，在有限的图书馆中，还存在着东部多、西部少、城市多、农村少的失衡状况，给一些急需知识服务的用户造成了不便；最后，从行业状况看，公共图书馆虽然数量较多，但其整体的文献资源和服务水平不如高校图书

馆。许多地方除了省级图书馆外，其他公共图书馆很难与本省的高校图书馆相抗衡。

因为当前我国在图书馆事业发展过程当中，整体的体制设置是多元等级结构，各个系统之间存在着彼此分割而又各自为政的情况，哪怕是处在同样一个系统中，也没有建立起全面有效的领导体制，最终造成不同类型的图书馆长时间各自为政，在资源建设方面仍然使用的是传统的工作方法，固守小而全或大而全的工作原则，无法有效促进资源共享共建的推广与落实。要想真正意义上解决这样的难题，必须从体制改革和体制创新方面入手，因此国家在这样的情况之下，提出改革文化体制的战略。这一战略给图书馆管理和建设工作，尤其是图书馆事业采编业务的优化创造了良好的条件。所以要把公共图书馆和其他多种类型的图书馆进行统筹协调，打造全新的机制体制，对图书馆的各项资源进行有效盘活，为图书馆事业的创新发展提供必要的支持，满足社会公众的文化需要。

3. 读者终生学习的要求

在物质生活水平不断上升的背景下，广大群众的精神文化需求也日益上升，图书馆的采编业务与公共文化服务相融合能有效落实科普工作，努力提升群众的科学文化素质与人文素养，积极落实文化传播工作，对我国的传统文化进行继承和发扬，并对社会主义先进文化进行大范围的普及与推广。

在当前的知识经济时代，知识更新换代的速度逐渐加快，知识海量增长，怎样从浩如烟海的知识海洋中查找到能够满足自身需求的信息资料成了一个大难题。终身学习的必要性和重要性也将在如今的时代背景之下显现出来，只有持续不断地进行学习与充电，才能够获得新知与新思想，找到解决问题的新方法，解决工作与学习当中出现的问题，提高工作能力，充实精神文化生活。只有持续性地进行学习和充电，做到不间断地学习和成长，最终才能够让知识学习跟上时代步伐，跟上知识更新发展的速度。过去只需要完成学校教育就可以为今后的工作提供必要的支持模式，在当代没有办法实现，只有终身学习才能够不被社会淘汰，这也是积极建设学习型社会，积极推动人们全面综合发展的重要原因，因此信息素养教育扮演着重要的角色。

（二）图书馆采编与公共文化服务融合的可行性

1. 丰富的馆藏资源奠定了坚实的信息基础

虽然现在很多公共图书馆仍然存在图书资源匮乏的问题，但在高校类的图书馆以及一部分省级及以上的图书馆中仍具有丰富的馆藏资源，门类齐全，学科结构合理，数量庞大，具备了专业性、系统性、完备性和实用性的优点，尤其是新型的数字资源，如电子图书、期刊数据库。近年来，很多图书馆发展得尤为迅速，馆藏资源越来越丰富。而高质量的、结构合理的馆藏资源，既能满足本地区人们对于文献信息的需求，也能为社会提供知识服务。

2. 先进的技术手段提供了可供服务的技术平台

随着计算机技术、网络技术的大力发展，部分图书馆实现了自动化管理，并且以先进的存储设备和网络传输设备建立了电子阅览室、数字图书馆和各种数据库，为广大读者检索图书馆文献和利用电子资源提供了极大的便利。在深化采编业务方面，正是有了先进的技术手段，图书馆才能打破原有的格局，通过远程传递、在线咨询、电子邮件答复等措施提供高层次的服务。尤其是图书馆购置和开发了有关电子图书和数据库以后，使用电子文献的读者越来越多，读者可以不用到图书馆，而是在办公室、家里或宿舍中，通过网络直接检索和阅读图书馆的电子资源。另外，图书馆还借助网络，开展了软件下载、远程访问、新书推荐和资源共享等多项服务。同时，由于网络环境的便利，图书馆不仅拥有实体的馆藏文献，而且还可以通过"存取"的方式使用外单位的电子资源，从而达到节约经费、资源共享的目的。近几年来，图书馆引进并采用的自助借还系统、电子阅报器、歌德电子图书阅读、文献远程传递以及图书馆微信等新技术，更为图书馆社会化服务提供了技术上的方便。

网络技术与环境的支持能够提升图书馆的社会化水平。伴随着网络技术手段的推广和更大范围的应用，图书馆逐步突破时间以及地域的限制，突破了传统文献收集处理组织与服务的固定化管理模式，建成了带有辐射性特征的开放性服务体系。图书馆个体能够在互联网及局域网的支持之下，成为全球网络当中的一个节点，能够直接给所有网络终端供给信息资源，另外图书馆个体也不必具备无限资源，很多图书馆可以构建图书馆联盟，实现馆际之间的互借以及全文传播，让图书资源的传递突破时间与地域限制，也进一步扩大服务对象，使得图书馆不再单一服务于传统读者，而是提供社会化的服务，满足社会化读者的读书需要。

第二节 图书馆采编与公共文化服务融合的法律依据

图书馆作为社会公益性文化机构，其采编、运行和发展必须有相应的法律和制度保证，才能健康发展、良好运行，正常履行社会职责。在图书馆立法方面，发达国家的图书馆已做出了非常有价值的探索和示范。

一、国内外的图书馆法律建设历程

图书馆法是国家立法机关制定或认可的专门针对图书馆事业发展，以及各项图书馆实践活动的法律、法规。对图书馆进行管理，针对图书馆的运行发展制定行政法规和有关的规章制度，都必须把图书馆法作为根本依据。所以说，这一法律、法规的存在，让国家和图书馆、图书馆和其他组织、图书馆和读者间的各种关系也得到了有效调节，并在法律层面上得到了规范和保障。国家在领导和发展图书馆事业的过程中，需要将图书馆法作为重要的手段，充分发挥图书馆法的特征，主要包括强制性、稳定性、概括性、规范性。

图书馆法是近代图书馆事业规范化发展进程当中逐步形成和建立的专门的法律、法规。19世纪中期，欧洲部分国家为了积极助推图书馆的公共文化建设，让图书馆在实际运转当中有固定性的经费来源，优化图书馆的各项管理流程和管理事项，并开始着手制定和颁布图书馆法。世界上首部公共图书馆法于1848年颁布，被称作《公共图书馆法案》。世界首部全国性质的《公共图书馆法》是在1850年的德国议会当中通过的，给图书馆事业的建设和发展提供了有效的保障和必要的支持，进行了法律上的约束。20世纪70年代，英国颁布了《不列颠图书馆法》，特别指出要给公民提供免费性的图书馆服务。

（一）美国

继1848年马萨诸塞州颁布公共图书馆法之后，1849年新罕布什尔州也通过了公共图书馆法。到1877年，美国已有20个州制定了图书馆法。目前美国各州均有公共图书馆法。1956年美国颁布全国性的《图书馆服务法》。1964年将其修订为《图书馆服务与建设法》，包括服务、建设、馆际合作和读者服务工作四个部分。

（二）日本

1899年颁布第一部《图书馆令》，后于1906年、1933年进行两次修订。此外还公布了《图书馆规程》（1906年）、《国会图书馆法》（1947年）、《图书馆法》与《图书馆法实施规则》（1950年）等。

（三）瑞典

1905年通过第一部图书馆法，在经济上对图书馆予以支持。1912年通过在教育部下设立图书馆顾问委员会的法案。1930年又通过新的图书馆法，增加对各省、市的援助，并决定建立市政区图书馆来帮助小型居民区，1947年为了增加省、市和市政区图书馆，又通过了对上述法案的修正案。1966年颁布的新的图书馆法强调把图书馆投资放到基层居民区。

（四）中国

新中国成立之初，我国有关部门多次颁布关于图书馆事业的行政法规，如1955年，文化部颁发《关于征集图书、杂志样本办法》和《关于加强与改进公共图书馆工作指示》，1956年，高等教育部颁发《中华人民共和国高等学校图书馆试行条例（草案）》，1957年，国务院颁布《全国图书协调方案》。

改革开放后，为适应图书馆事业的发展变化，国家相关部委先后制定多项关于不同类型图书馆的法规条例。1981年，教育部颁发《中华人民共和国高等学校图书馆工作条例》。该条例于1987年由国家教育委员会修订后，改名《普通高等学校图书馆规程》，其后又历经2002年、2015年两次修订。1982年，文化部颁布《省（自治区、市）图书馆工作条例》，这是针对我国公共图书馆的法律文件。2017年11月4日，第十二届全国人民代表大会常务委员会通过《中华人民共和国公共图书馆法》，这是我国第一部真正意义上的国家级图书馆法。

二、各级层面的法律依据

（一）国家层面的法律依据

我国图书馆面向社会开展知识文化服务的法律条文，在《中华人民共和国宪法》（以下简称为《宪法》）及《中华人民共和国公共图书馆法》等相关法规中都有体现。

《宪法》第一章第二十二条规定："国家发展为人民服务的文化事业、新闻广播电视事业、出版发行事业、图书馆、博物馆、档案馆和其他文化事业，开展群众性的文化活动。"据此，图书馆作为国家文化事业的重要组成部分，面向群众开展公共文化服务是其神圣权利和不可推卸的义务。

2018年开始施行的《中华人民共和国公共图书馆法》第四十八条规定："国家支持公共图书馆加强与学校图书馆、科研机构图书馆以及其他类型图书馆的交流与合作，开展联合服务。国家支持学校图书馆、科研机构图书馆以及其他类型图书馆向社会公众开放。"这是国家法律中对图书馆向社会公众开放最直接、最明确的要求，也是图书馆开展公共文化服务最有力的依据。

（二）地方和行业方面的法规政策

1985年，中宣部、文化部、国家教委、中国科学院联合召开全国图书馆工作会议，会议广泛听取了各系统图书馆工作者的意见。经过多次修改，《关于改进和加强图书馆工作的报告》（以下简称《报告》）于1987年正式发布。《报告》肯定了图书馆事业发展所取得的成绩，也指出了存在的不足，对图书馆事业的发展提出了许多具体的意见和建议。其中，《报告》提出了各类型图书馆向社会开放的理念。在要求公共图书馆提高开放程度的同时，《报告》也明确指出"其他各类型的图书馆，也要创造条件。使他们按照图书馆的性质和特点，进一步向社会开放"。这是国内可以考证的、较早提出的专业图书馆向社会开放的文件。

2002年，北京市第十一届人民代表大会常务委员会第三十五次会议通过了《北京市图书馆条例》。该条例对北京市的各类型图书馆进行了规范，其中第十条明确指出："本市鼓励学校、科研机构及社会团体、事业单位的图书馆（室）向社会开放"。该条例是我国第一部关于各类型图书馆的综合性地方性法规，而且，在综合性法规中提到学校图书馆社会化的问题尚属首次。

中国图书馆学会在2008年发布的《图书馆服务宣言》第二条指出："图书馆向读者提供平等服务。各级各类图书馆共同构成图书馆体系，保障全体社会成员普遍均等地享有图书馆服务。"第五条指出："图书馆开展信息资源共建共享。各地区、各类型图书馆加强协调与合作，促进全社会信息资源的有效利用。"第六条指出："图书馆努力促进全民阅读。图书馆为公民终身学习提供保障，促进学习型社会的建设。"这些内容都对图书馆提出了应向社会敞开大门的规定。

第三节　图书馆采编与公共文化服务融合的基本原则

图书馆是国家公共文化服务体系的重要组成，它所具有的准公共产品属性规定了它向社会公众提供服务的社会责任和义务；信息技术发展和互联网的普及提高了图书馆本身向社会开放服务的能力，国家社会经济文化建设也需要图书馆做出更大的贡献。基于图书馆的社会性与服务性和前文提到的图书馆采编与公共文化服务融合的理论依据，这里首先应说明一下图书馆服务的基本原则。

一、图书馆服务的基本原则

（一）基本性原则

2006年9月，《国家"十一五"时期文化发展规划纲要》（以下简称《纲要》）指出："要从现阶段经济社会发展水平出发，以实现和保障公民基本文化权益、满足广大人民群众基本文化需求为目标。"

基本性就是要体现《纲要》所提出的实现和保障公民基本文化权益、满足广大人民群众的基本文化需求。图书馆服务的基本性就是指提供最基本的图书馆服务，实现公民利用公共图书馆最基本的权利，保证所有公民都享有一定水准之上的基本公共图书馆服务，包括人均拥有图书馆最低保障线和人均拥有公共藏量最低保障量。

1. 图书馆覆盖率

在我国，为推动"十三五"时期公共图书馆事业科学发展，加快构建现代公共文化服务体系，更好地保障人民群众基本文化权益，文化部于2017年印发《"十三五"时期全国公共图书馆事业发展规划》（以下简称《规划》）。《规划》中明确到2020年，每万人公共图书馆建筑面积将达110平方米；阅览室坐席数达到105万个，人均公共图书馆藏书量达1册，人均公共图书馆购书经费为1.8元，公共图书馆达标率达到80%。2021年国家统计局发布的《中华人民共和国2020年国民经济和社会发展统计公报》（以下简称《公报》）显示，全国共有公共图书馆3 203个，总流通56 953万人次；文化馆3 327个。年末全国共有档案馆4 234个，已开放各类档案17 659万卷（件）。

2. 提供最基本的公共藏量

公共图书馆的藏书是开展服务的基础，也是国际上衡量一个国家、一个地区文化发展水平的重要指标之一。国际上通常正规的馆藏应以每人1.5～2.5册图书为标准。对于新建的图书馆，其基本馆藏资源应该是人均1册，并力争3年达到人均2册。

智妍咨询所公布的《2021—2027年中国公共图书馆行业市场发展潜力及前景战略分析报告》数据显示，中国人均拥有公共图书馆藏量稳中有升，2020年中国人均拥有公共图书馆藏量达0.84册，较2019年增加了0.05册。

自2015年起中国公共图书馆图书总藏量逐年攀升，2020年中国公共图书馆图书总藏量达117 929.99万册，较2019年增加了6 748.99万册。因此综合来说，不论是我国的人均拥有图书馆藏量，还是公共图书馆的总藏量，都与国际上的标准，与先进国家、先进城市所公布的数据存在一定的距离。

3. 提供最基本的图书馆设施

近年来，随着科学发展观的贯彻落实，推进基本公共服务均等化取得了明显成效，基本实现县县有文化馆图书馆、乡乡有综合文化站。但总体而言，我国大多数公共图书馆设施条件比较差，尤其是基层图书馆，馆舍破旧、面积不足、设备陈旧，不符合现代公共图书馆的功能要求，存在面积不足，建设年代久远的问题。从建设面积看，面积达标率普遍偏低，特别是地市级图书馆，按照《公共图书馆建设标准》，达标率仅为25%。贫困地区、低收入和特殊群体的基本文化权益更是无法得到基本的保证。发达国家为实现公共服务的基本性原则，政府用提供公共产品以满足所有社会成员的基本需求为标准，由国家制定有关公共服务的最低配置标准和各项公共服务的最低提供标准，形成了公共服务标准化和基本公共服务最低公平两种模式，并通过多级政府分担经费保障地方政府有提供最低标准服务的能力。同时，允许并鼓励有财政能力的地方政府提供更多的、质量更高的公共服务，但经费应当由地方政府自己承担。我国于2008年由文化部主持制定的《公共图书馆建设标准》就是一个有关公共图书馆的最低配置标准。从宏观意义上来说，这种制度就致力于规范和保证每个公民的最基本的权益。

（二）均等性原则

均等性的主要宗旨是实现服务的公平和公正，实现不同区域的公共图书馆服务均等，不同层次的群体享受公共图书馆服务均等化。

1. 全体性

所有公民都有享受图书馆服务的权利，不能把任何一位公民排除在外，不歧视任何一个公民。我国有14亿人口，尽管每个人的天赋能力不同，文化程度不一，但在享受公共图书馆服务的机会方面应该是均等、无差别，遵循非歧视性原则，重点关注特殊人群，包括青少年、老年人、残疾人、流动人口等，消除服务享有的不均衡，最终达到服务的均等化，也就是通常所说的为所有人开放，并一视同仁。

2. 均衡性

公共图书馆事业发展不平衡已是不争的事实。从总体情况来看，图书馆发展水平与经济发展都与中国的地形一样，呈一种明显的阶梯形状，东部、中部及西部以及各省市之间的发展水平不一，有的还有很大的落差。城乡之间公共图书馆的水平差距较大，是非均衡性或非均等性的主要表征。从各地政府对公共图书馆的总投入来看，东部地区的投入要远高于中部地区与西部地区的投入；即使在同一地区，差距也比较大。尤其在广大的农村，由于长期以来实行城乡二元化体制，国家财政投入重城轻乡、重工轻农，国家实行城市优先发展战略，农村建设服务并服从于城市优先发展。不仅造成城乡之间基本公共服务的资源占有、服务能力及供给水平存在较大的差距，也导致城乡居民民生权益及公共服务享有的权益严重失衡。从国内实际来看，县级公共图书馆是我国最基层的独立建制的公共图书馆，承担着为本辖区内包括农村人口在内的全部人口提供直接服务的任务。由于受服务人口众多、服务范围较大、服务条件有限等因素制约，实际服务效果受到影响。虽然有些省市、地方公共图书馆在辖区外建立了基层分馆或服务点，但大多属于示范性的，数量十分有限。而《公共图书馆建设用地标准》提出的按照服务人口进行统一规划公共图书馆的要求，打破了按行政区划布局图书馆的传统。这一转变，为图书馆的科学合理布局奠定了基础。

当然，均等并不是绝对的平均，其实质是强调"底线均等"。一是要全面评估当前我国各地公共图书馆的现状，准确把握各地公共图书馆投入与服务基础条件差异。二是根据各地人口分布、地域特点等客观分析公共服务成本差异状况。三是在全国公共图书馆服务均等化推进与政策设计中，根据"起点"公平的原则，建立相对稳定的投入补偿机制，调整政府财力分配比例，给公共图书馆事业更多的政策性倾斜和财力支持，尤其是贫困的农村及中西部地区，缩小地区间、城乡间、东部与西部之间的基本公共图书馆服务差距。

（三）便利性原则

便利性就是要求公共图书馆通过合理的布局，实现就近服务，保证民众能得到近距离的、容易获取的便利服务。没有便利性，就很难实现公益性；只对部分人便利，对另外一部分人不便利，就会影响服务的公平性。

1. 图书馆服务半径

服务半径是指民众到达图书馆的距离。国际图联在20世纪70年代颁布的《公共图书馆服务标准》规定，一座图书馆服务辐射半径通行的标准是4千米。而我国的调查数据显示，平均每46.8万人口、每3 368平方千米面积（服务辐射半径大致为32.8千米）才拥有一座公共图书馆，与国际标准有明显的差距。

《公共图书馆建设用地指标》对公共图书馆的设置原则做了详细的规定："大型馆覆盖的6.5千米服务半径内不应再设置中型馆；大、中型馆覆盖的2.5千米服务半径内不应再设置小型馆。"

近年来为落实中央的指示精神，不少城市提出了公共文化服务体系的意见。如上海文化规划提出，要逐步实现社区市民在15分钟内可到设在社区文化活动中心的图书馆借阅文献资料。

2. 延伸服务与流动服务

为方便市民就近利用图书馆，不少国家和地区还通过设立分馆和汽车（流动）图书馆的办法，将图书馆服务送到市民的家门口。

国内外的经验已经证明，以统一采购、统一编目、统一配送为主要特征的总分馆制，是公共图书馆服务体系的较好形式。它不仅有利于实现资源共享，实现以最小的投入获得最大的效益，也是方便市民利用图书馆的一种好的形式。

2017年11月4日，第十二届全国人大常委会第三十次会议表决通过了《中华人民共和国公共图书馆法》。其中明确了总分馆制，确保公共图书馆资源向城乡基层延伸。该法自翌年开始施行。

比较典型的有云南省安宁市的文化馆、图书馆总分馆制服务模式，是依托市文化馆、市图书馆和乡镇（街道）文化站、行政村（社区）综合文化服务中心进行建设，以市文化馆、市图书馆为总馆，在乡村两级基层综合性文化服务中心设置分馆。换句话说，即总馆重点负责业务指导和资源调配，分馆按照总馆的工作安排和服务标准，面向基层群众提供与总馆水平相当的文化服务。通过分馆和服务点把优质公共文化服务延伸到基层农村，增加公共文化产品和服务供给，推动文化资源下移，共建共享，提高资源使用效率，打造公共文化服务体系示范区。

而在"流动服务"方面，北京市顺义区的图书馆流动服务车是一个值得借鉴的典型。其由房车改装而成，车上配备各类成人图书700余册，少儿绘本300余册，定期更新，车内提供6个固定座位，车外提供6～10个活动座位，可供读者现场阅览。此外，流动服务车利用无线网与顺义区图书馆实现数据互联互通，读者在这里可以享受到和顺义区图书馆一样的服务。

公共图书馆在开放时间上也应尽量方便读者利用。应该说，目前我国不少的图书馆已基本实现了365天开放，深圳与东莞开发的自助图书馆，实现了全年24小时开放。

综上而论，图书馆向社会公众开放，主动开展公共文化服务，是世界发展大趋势，也是图书馆服务原则的需要。而图书馆采编与公共文化服务相融合以国家相关法律、法规为指导，需遵行一定的原则。下面来探讨一下图书馆采编与公共文化服务融合的基本原则。

二、图书馆采编与公共文化服务融合的基本原则

（一）以人为本，读者第一原则

《图书馆服务宣言》提出："图书馆在服务与管理中体现人文关怀。图书馆致力于消除弱势群体利用图书馆的困难，为全体读者提供人性化、便利化的服务。"人文服务包括两方面的内容：一是服务与管理的人性化，即针对所有服务对象，要求图书馆在服务中关爱读者、方便读者；二是保障弱势群体的信息需求，即对弱势群体信息需求的人文关怀，这是图书馆保障人民基本文化权利的一个重要任务。因此，图书馆采编与公共文化服务融合要坚持以人为本原则，制订计划、设置项目时既要考虑信息用户的民族、职业、年龄、文化程度等因素，提供多元化服务，又要充分考虑弱势群体在信息需求、信息检索、信息利用方面的特殊性，为他们提供特殊服务。

坚持读者第一原则，就是要针对读者的知识信息需求提供服务。只有坚持读者第一的原则，才能保证图书馆开展采编业务更加贴合各类读者实际。图书馆在提供服务时，应适应多层次、多样化的信息需求，为读者提供多元化的知识信息服务，在管理中对社会读者进行科学分类，针对不同类别的读者设置不同的服务项目与要求。比如，科研用户需要综述性、专题性和最新的研究资料，可以通过采选的学术类的资源对他们开放学术资源数据库，方便他们随时追踪科技前沿进展；政府用户需要宏观政策方面的资料，可以为他们及时推送时政要闻信息；中小学生需要基础性、科普性的文献资料，可以对他们开放书刊借阅等服务。

让任何地方的任何读者，在任何时候能充分利用到任何图书馆的文献信息资源，是整个图书馆界为之奋斗的最终目标，能最大限度地挖掘自身的资源与技术潜力，为各类读者提供适合其需求的文献信息服务，不论是为本地的居民服务，还是面向社会提供服务，只要让更多读者的信息需求得到满足，图书馆的目的就达到了。

（二）馆藏资源体系建设与标准化建设相结合的原则

各大图书馆在馆藏资源建设中，大都强调馆藏特色的体现，所以在进行文献采编时，其分类标引的侧重点和分类法的选用等方面会随着各自特色体现的需要而有所差异。如今在一种高度计算机化、信息化的现代图书馆环境下，馆际资源共享的格局逐渐形成，馆与馆之间的界线被逐渐打破，昔日体现馆藏特色的某

些手段慢慢变成了当今社会资源共享中的缺陷和桎梏。所以，采编工作必须把馆藏资源建设与书目信息标准化建设有机结合起来，将个馆的馆藏资源特色建设纳入信息标准化建设的整体之中。其中最为突出的表现是关于文献编目分类法的使用。由于历史的原因，各大图书馆所使用的图书分类法都不尽相同，有的用《中图法》，有的用《科图法》，甚至还有的使用《资料法》《人大法》等。而在一般情况下，每个图书馆的藏书都很多，贸然废除原有的分类法显然不行，对于这种情况，可采用"双分法"，即在使用原有分类法进行分类标引的基础上，增加690字段，加标《中图法》的分类号，这样既统一了分类标准，又不至于对馆藏资源体系带来冲击。关于个馆馆藏资源建设与标准化建设矛盾的另一种表现是对于分类标引的不同的侧重点。有些图书馆，特别是高校图书馆，由于专业设置的特点和正常教学科研的需要，在分类标引方面往往有所侧重，如设有经济、金融等院系的，往往把有关经济的A法律法规或领导学、管理学等类图书全都归入经济类，这时可采用增加交替类目的方式解决，通过重复690字段，取用经济类的类号标引之后，再取用法律、管理学等类号进行标引，这样就很好地解决了特色与标准的矛盾。

（三）强化资源共享的原则

强化资源共享是现代图书馆环境下文献采编业务与公共文化服务融合的又一个重要原则。强化联机采编，建立全国性的联合采编数据库中心、馆际互借中心和联机检索中心，开展联机检索、馆际互借、文献传递等活动，是现代图书馆实现馆际信息资源共建共享的必经之路和当务之急。目前我国的高等教育文献保障体系（CALIS）的飞速发展，为联机采编和资源共享提供了现实的可能。首先，充分利用CALIS联合目录库的书目信息资源，通过联机采选和编目与书目下载来降低文献标引著录成本。其中文献分编一直是图书馆里专业水平要求最高的工作，一般都要业务精湛的资深图书馆员来承担，加工成本相当昂贵。纳入联机采编系统后，大部分书目数据都可以直接从网上下载，只需要进行一定的审校和修改，再加进馆藏信息即可，对工作人员的专业水平要求大大降低，工作效率也大大提高，因此加工成本也会大幅度降低。据计算机联网图书中心（OCLC）的资料显示：过去每条书目信息的加工成本超过了100美元，实现联机后，每条成本下降到1美元。所以，联机可以说是降低加工成本的一条既现实又科学的捷径。其次，通过联机采编和书目下载来更好地宣传馆藏资源，促进资源共享。CALIS联机系统中有一种特殊的装置，图书馆每下载1条书目数据，都可以通过书目中的920字段实现馆藏数据的上传，用户可以通过920字段清楚地了解文献的馆藏分布情况和服务方式。这是宣传馆藏资源、促进资源共享的一个既重要又便捷的手段。最后，应该通过联机采编和书目下载来提高书目数据的质量，推进书目信息的标准化建设。上传到CALIS联合目录库的书目信息全都是经过了严格审核的、标引著录完全符合标准化要求的信息，这种信息的广泛应用，对提高书目信息的质量和信息标准化的建设都有着非常重要的作用。

第三章　图书馆文献采选业务建设

文献采选工作包括图书、期刊、报纸、学位论文、中文资料、古籍、特藏文献、缩微文献、音像资料、电子出版物等各类文献的受缴、受赠、购买、交换、征集、复制补藏，以及采选到馆文献的验收、登记、移交、催缴、补缺、经费管理、工作统计、建设与维护采访数据库、采选工作管理等项工作。第一章介绍了一些关于文献采选的内容，本章将依据图书类文献采选、期刊类文献采选、报纸类文献采选、古籍与特藏文献的采选以及信息类资源的采选这五类对文献采选作具体的说明。

第一节　图书类文献采选

一、中文图书采选

中文图书采选工作是依据图书馆中文文献的采选与入藏标准，包括中国各少数民族文种在内的中文普通图书、台港澳图书及海外出版的中文书的受缴、购买、受赠、验收、登记、催缴、补缺、经费管理、建设与维护采访数据库等工作，以及文献移交、质量检查、工作量统计等辅助管理工作。

（一）受缴

1. 工作内容

主要有缴送图书到馆后的取包、拆包、到书验收、填发收书回执、登记、缴送统计以及对未缴送图书的催缴等。

2. 质量规范

①按照国务院颁布的《出版管理条例》和国家新闻出版署颁布的《图书出

版管理规定》等一系列规范性文件接受缴送图书，保证品种齐全和缴送率的不断提高。

②将从收发部门取回的邮包和出版社直接寄送到馆的包裹进行仔细核对。验收时，按出版社一次性将包找全，分包时按出版社集中码放、拆验。将包裹内样书清单与图书逐一核对并检查样书质量，确认无误后填写出版社缴送图书登记簿和出库单，邮包和验收完的图书码放整齐，排列有序。

③发现清单与图书数量不符、出版社未按规定缴送、样书存在装帧错误、残缺和破损等质量问题应及时记录，并通知催缴人员进行补缴和调换。

④核对数量错误率不超过1%。

⑤缴送登记簿和出库单填写准确无误，不漏记、不误记。

⑥图书应在到馆后5～10个工作日内拆包验收完毕，避免产生积压。

⑦验收过程中禁止以任何理由私自截流文献。

⑧对验收完毕的图书按入藏标准确定正式入藏、不入藏和需要转出三种情况的图书种/册数量，并办理相关手续。需要转出的图书放在固定位置，并通知或转交相关部门。

⑨验收完毕的样书清单副本盖章，作为收到回执及时寄回缴送单位；清单无副本可复制原清单，回复缴送单位；缴送单位未附清单须及时与缴送单位联系，补齐缴送样书清单或自制回执。对需要补缴或调换样书的要说明。

⑩缴送样书清单（或自制回执）按规定整理留档。

⑪广泛收集各种书目信息，了解和掌握图书缴送单位的出版情况和缴送情况。

⑫加强缺缴图书的催缴工作，建立缺缴图书目录，得到信息及时补充。要特别注意成套图书、多卷集的配套补缺，保证馆藏的连续性和完整性。

⑬以QQ群、电话、信函、走访等方式对未按规定缴送样书的出版社及有关单位及时进行催缴，将联系情况记录备案。要求做到三勤：勤打电话、勤写信、勤答复。

⑭对各出版社及有关单位的缴送情况进行统计、分析和评价。每月对缴送图书验收数量和登记量进行统计；缴送情况统计分析每季度报部门一次，每半年报业务主管部门一次；在下一年度6月底以前，完成上一年度中文图书缴送率的统计工作并报业务主管部门。

⑮缴送统计工作按照《国家图书馆业务统计规范》执行，要求做到数据准确无误，分析与评价准确客观，言之有物。按时报送有关部门。

⑯按照年度任务书的要求考核缴送率。

（二）购买

1. 工作内容

①按照采购合同中关于《国家图书馆购买新版中文图书的规定》，全品种采购中文普通图书。年鉴、地方志类图书、旧书补藏采用单独发订方式进行采购，图书目录由采访人员主动收集或由供货商提供，采访人员负责对目录进行逐条筛选与审核。采访人员监管书商合同执行情况，并进行定期考核。

②购买图书到馆后的取包、拆包，核对发票、核对书价、检查到书数量和质量，登记。

③缺采图书的补充、建设与采访数据维护等工作。

2. 质量规范

①通过各种渠道积极收集内地及台港澳的图书进出口机构的出版信息，国家图书馆各专藏阅览室、外借部门和读者的需求信息，按照《国家图书馆文献采选条例》及其细则规定的采选范围和复本标准选购图书。

②通过国际标准书号（以下简称ISBN）、书名、著者、出版社等多个检索途径对预购买图书进行查重，保证查重准确，综合错误率不超过2%。

③订单和书目记录的内容包括ISBN、书名、著者、出版社、版次、开本、页码、价格、预订册数、选订人、发订日期和发往单位等。录入完毕再进行核查，保证各项录入数据准确。

④选订的书目交由审定人员进行复审，审核无误后，订单盖章送交供书单位。复审时重点核查订单中图书品种、复本量、价格以及录入数据质量，及时纠正错误的订购信息。不误订、不重订、不漏订。

⑤补选缺藏图书。建立缺藏图书目录，得到信息及时补充。注意成套图书、多卷集的配套补缺，保证馆藏的连续性和完整性。对专订图书要求和读者推荐图书应及时处理并反馈。

⑥有针对性地到书店、大型书市、图书订货会和全国大型图书批销中心进行现货补书，有选择地购买到馆直销图书，以补充馆藏或各阅览室、外借库读者需求量较大的各类图书，尽量补全各社出版的重点图书。

⑦跟踪订单，检查未到图书情况。发订图书1年内（台港澳图书2年内）未到，应向发订书商进行查询，视情况做撤订和重新征订处理。

⑧做好采选数据维护，定期剔除撤订书的预订数据。

⑨统订书目按照书商的要求预订，散订书单根据批量大小，自收到书单起5～15个工作日内完成预订。

⑩购买图书应合理使用购书经费，严格遵守图书馆财务制度。购买图书时，

一种书单价在100元以上的应分别报请各级领导批准。具体批准权限为100元（含100元）以上1 000元以下由组长批准；1 000元（含1 000元）以上10 000元以下由主管主任批准；10 000元（含10 000元）以上50 000元以下由主管馆长批准；50 000元（含50 000元）以上由主管馆长并主管财务馆长审批；必要时经馆务会批准。

⑪购买图书到馆后，及时自收发部门将邮包取回。将邮包按供书商分类后集中码放，清点邮包或供书商直接送到的书包的总包数，和供书商办理签收手续。

⑫拆包验收时按发票、清单核对图书的种数/册数和书价，检查图书质量以及确定是否属于图书馆的入藏范围。核对无误后，填写出库单（登记），对清单加盖验收章，移交请款员办理报账使用。需要装订的图书应登记后进行装订。

⑬发现清单与图书数量、价格不符，在清单相关位置纠正注明。对存在装帧错误、残缺和破损等质量问题的图书及时与相关单位联系进行调换。

⑭验收错误率不超过1%。

⑮按图书到馆的先后顺序拆包验收。图书应在到馆后5个工作日内拆包验收完毕（台港澳图书参照外文图书，10个工作日内完成），避免产生积压。邮包和验收后的图书码放整齐、排列有序。

⑯验收过程中禁止以任何理由私自截流文献。

（三）受赠

1. 工作内容

接收到馆赠书，包括接收邮寄到馆和其他部门转来的赠书；接待到馆赠书的团体和个人；外出接收赠书；应答、回复捐赠者电话或来信；赠书的验收，办理接受等手续。

2. 质量规范

①接待赠书来访者和应答电话态度要热情，并致诚挚谢意。收到邮包或来信应及时回复。

②对赠书进行查重，验收，对受赠图书办理接收手续，出具捐赠证书/感谢函并填写赠书登记表。

③赠书登记表登记内容包括接收日期、文献名称及数量、捐赠者及捐赠者地址、邮编、电话等联系信息、赠送方式（直送、邮寄、转交等）、ISBN和价格、经手人、证书编号、证书寄出日期等。内容填写齐全、清楚。

④捐赠证书、感谢函打印或填写要工整、认真，字迹清晰。不论以何种方式收到捐赠文献，应在登记之日起5个工作日内向捐赠者寄、发捐赠证书或感谢函。

⑤凡有作者或名人收藏者签名、盖章或留言的捐赠文献，按图书馆规定慎重处理。

⑥接收的赠书按批次（一批次50种左右）填写好出库单内容，交由记到人员记到。

⑦寄送到馆的非本部门所负责的赠书，要在验收后5个工作日内通知相关接收部门领取。

⑧捐赠文献登记表（含清单）与捐赠者签订的捐赠协议书连同捐赠清单一同归档，长期保存。

（四）记到

1. 工作内容

对验收完的图书进行查重，修改、补建订单，盖馆藏章、贴条形码，建单册信息，记到校对、改正校对错误等工作。

2. 质量规范

①依次以ISBN、书名、著者、出版社、版次及丛书名对验收完的图书进行查重、核对，根据国家图书馆入藏标准确定入藏。经记到查重后，错订复本率不超过0.5%。

②修改、完善预订图书的订单内容和采选书目记录，未建订单的缴送、购买、赠送和其他部门转来的图书补建订单，按规定修改和录入订单号、订购方式等订购信息、书商信息和到书的数量和价格。记到项目齐全准确，错误率不超过1%。

③对入藏图书及附件逐册加盖馆藏章、贴条形码。加盖馆藏章和贴条形码的位置正确，不歪不斜、清晰整洁。

④建立单册数据，准确录入单册表要求填写的各个项目，依据图书馆的入藏规定确定每个复本的分流去向及状态，录入完毕进行核对。复本分流准确，错误率不超过1%，单册状态与单册处理状态准确，错误率不高于0.1%。对入藏图书附带的附件，作为单册另建单册数据。

⑤记到核对时，如果发现购买图书中不属于入藏范围的书和多余复本应及时交给有关人员联系退书。

⑥记到数据著录格式的校对以《中文图书机读目录格式使用手册》为标准。对记到情况逐项校对，对记到、采选数据和分流错误进行改错。校对后的错误率低于1%（按款目）。

⑦对记到完毕的图书按确定的分流顺序分别摆放，夹好写明分流去向的标识

条，不得漏写和漏夹去向标识条。

⑧加强数据管理，协助维护数据库，做到不丢失数据，不漏批数据。

⑨每批图书的记到时限不超过5个工作日，记到校对时限不超过2个工作日。

（五）移交

1. 工作内容

记到校对后的图书验收无误后，按图书要求分送至相关部门或科组，并办理交接手续。

2. 质量规范

①把校对完的图书分别按照新书、登记复本、借阅复本、数字化加工、剔除复本、退书等逐一核对、清点，并与出库单核对种册，为送交图书做好必要准备。要求新书、复本种册与出库单、计算机集成管理系统记到种册一致。

②熟悉分流细则，抽查夹好的去向部门代码条，确保分流给书准确。

③及时移交，移交图书应先填写交接清单，交接清单所填项目完整、清楚、准确。交接双方清点无误后在交接清单上签字确认。

④留存好总括凭证和交接签字清单，备查使用。

（六）购书经费管理

1. 工作内容

核对购书清单的价格，计算出每批图书的总价格，登记批次簿，确定"采新"号。检查退书单，按每批书的实付款领取支票，与供书单位结账，并验收发票。填写请款单，在有关人员签字后，办理请款、报账手续。外汇送交财务管理部门审核、备案。

2. 质量规范

①核对清单和计算书价，保证到书的实际价格和清单价格、所有清单的价格与总价格完全相符。

②严格遵守财务制度，账目清楚，一切手续和凭证符合财务管理要求。

③按要求做好经费统计，每年对经费的支出情况进行统计分析。

④定期向领导汇报购书经费的使用情况，请款、报账及时，做到不压支票。

（七）业务统计

1. 工作内容

定期统计所处理各类文献的种、册总量，填写业务报表，报送业务主管部门。

2. 质量规范

①分别登账汇总每人每月处理各类文献的种、册总量及馆藏去向，及分别登账汇总本组通过缴送、购买、赠送、转送、交换等各渠道处理各类图书的种、册总量。登账汇总要认真细致，馆藏去向、采选渠道区分准确，数量确保无误。

②遵守图书馆有关业务统计的规定，填报统计报表。要求统计实事求是，报表统计项目填报齐全，字迹清晰，数据准确无误。

③统计工作按照《国家图书馆业务统计规范》执行。

（八）采选工作管理

1. 工作内容

进行采选工序环节的数量和质量检查、专项检查，对购书经费使用、报账情况等方面的检查，采选工作的管理等。

2. 质量规范

①加强对中文图书采选的管理、研究与统计分析，解决采选工作中的问题。

②根据《国家图书馆文献采选条例》及其细则、《国家图书馆捐赠文献接受管理办法》《国家图书馆缴送工作管理暂行办法》《国家图书馆财务管理办法》《中文图书机读目录格式使用手册》及《国家图书馆业务工作监督考核办法》等有关规定，定期组织进行采选工作检查，发现错误及时要求改正，并撰写检查报告报有关领导和部门。

③检查项目齐全、安排合理。对采选工序环节的检查，应包括审核选书质量和数量，抽查图书发订、验收、登记、移交等环节的工作数量和质量情况。专项检查重点进行缴送率、缺采率、分流错误率、误采率、加工时限等方面的检查，同时对书商的配书情况、业务统计、购书经费使用等方面进行检查。

④图书误采率（包括不应入藏的品种和多余复本）不能超过0.5%，缺采率不能超过2%（不含台港澳地区出版的图书）。

⑤记到项目齐全准确，记到数据错误率不能超过1%。

⑥接收的图书在本工作环节不滞留、不损坏、不丢失。

二、外文图书采选

外文图书采选工作是依据国家图书馆外文文献的采选和入藏标准，对图书进行选择、发订、验收、登记等工作。各文种图书的采选工作都必须严格按照本工作系统各环节的规范执行，并采取必要措施，完善各工作环节的查重和校对工作，建立完备的书目记录和采选记录。外文图书缩微制品的采选工作等同于外文图书采选。

（一）选书

1. 工作内容

根据中外图书代理商或国外出版社提供的月度或不定期新书目录圈选符合《国家图书馆文献采选条例》要求的外文图书并查重，补订以往出版的有较高收藏价值的学术类图书，特别是研究中国问题和有关中国的出版物，力求多卷集、连续出版物的完整配套。查重和补订图书馆专家和读者推荐的图书，反馈处理意见。

2. 质量规范

①遵循《国家图书馆文献采选条例》的规定，在经费允许的情况下，对属于全面采选范围和有关中国学方面的图书，不得发生重大遗漏。及时了解学术动态和出版信息，采选属于重点入藏范围的图书。避免采进不符合入藏标准的图书和不必要的复本。

②选书工作一定要在充分了解馆藏及全面阅读专业书目的基础上进行，并注意漏卷、缺卷图书的补选工作。

③在选定图书时，要做好查重工作，控制并降低复本错选率。

（二）订购

1. 工作内容

对确认准备订购的图书，按照外文图书著录规则，利用图书馆集成管理系统建立相应的书目记录和订购记录，完成题名、著者和ISBN的查重工作，校对无误后发订。对于订购后（一年以上）没有到货的订单，应定期向图书代理公司进行催询。

2. 质量规范

遵循馆、部各级制定的业务文件及外文图书采选岗位规范和外文图书采选书目数据制作的要求，著录内容规范、翔实、准确，错误率不超过1%。

（三）验收、登记

1. 工作内容

对采选到馆的图书拆包，按清单、发票进行验收，调用已建的发订记录进行核对、登记和记到（包括建立总发票记录，并将到书逐条添加到总发票中），按照所收到的图书修改或补建书目记录，盖馆藏章、贴条形码并将信息保存在系统中。对捐赠图书和缴送图书做好查重、剔复工作，并向捐赠人或团体寄发捐赠证书或感谢函，建立采访记录后按要求分送至相关部门或科组，并办理交接手续。

2. 质量规范

①遵循馆、部各级制定的业务文件、外文图书采选岗位规范和外文图书采选书目数据制作的要求，著录内容规范、翔实、准确，错误率不超过1%。做好查重，对复本和续卷按相关规定进行正确的处理。

②对入藏图书及附件逐册加盖馆藏章、贴条形码。加盖馆藏章和贴条形码的位置正确，不歪不斜、清晰整洁。

③校对完毕的图书及时、准确分送至相关科组，转其他部门的图书和资料及时转至相关部门，移交手续规范。

（四）购书经费管理

1. 工作内容

妥善保管到馆图书的发票和清单，按照有关财务规定履行签字、请款、报销和银行外汇付款等手续。进行经费支出统计。

2. 质量规范

①遵循图书馆书刊文献购置费和分配方案、图书馆有关图书采选工作的业务规定和财务管理文件、有关外汇使用和管理的规定。

②请款报账前对发票进行审核，包括金额、书商、数量和所附清单是否一致，签字手续是否完备等。做到账目清楚，请款、报账及时，一切手续和凭证符合财务管理要求。

③定期进行购书经费的预算统计和已付经费统计，每年进行经费使用情况的统计分析。

（五）业务统计

1. 工作内容

定期统计订购、缴送、赠送和送编图书的数量，填写报表报送业务主管部门。

2. 质量规范

①遵守图书馆有关业务统计的相关规定，认真填报统计报表。要求统计实事求是，报表统计项目填报齐全，字迹清晰，数据准确无误。

②统计工作按照《国家图书馆业务统计规范》执行。

③适时进行有关业务统计分析。

（六）采选工作管理

1. 工作内容

按有关业务规定，全面监督检查外文图书发订、验收、登记等环节的工作质量，发现错误及时要求改正。

2. 质量规范

①加强对外文图书采选的管理、研究与统计分析，及时解决采选工作中的问题。

②根据《国家图书馆文献采选条例》《国家图书馆捐赠文献接受管理办法》《国家图书馆财务管理办法》及《国家图书馆业务工作监督考核办法》等有关规定，定期进行采选工作检查，并撰写检查报告报有关领导和部门。

③检查项目齐全，包括审核选书质量和数量，检查馆藏章、条形码的准确、清晰程度，统计预订、记到、续到工作中的错误率，发现错误交工作人员改正后，再复查改正后的结果。误采率（包括不应入藏的品种和多余复本）不超过0.5%，缺卷（期）率不超过2%。

④依据《国家图书馆文献采选条例》和各馆、部门各级制定的业务规定、外文图书采选书目数据制作的有关要求和外文编目规定对复本、多卷集的加工处理情况进行检查、考核。

第二节 期刊类文献采选

一、中文期刊采选

中文期刊的采选工作包括中国内地出版发行的中文期刊的采选、验收、记到、采选数据库维护等各项工作。

（一）采选

1. 工作内容

每年中文期刊的续订、停订、新订、受缴和缺藏催补等工作。

2. 质量规范

①前期准备：了解国家新闻出版署的最新政策；进行中文期刊的出版发行情况及期刊价格的调研；了解中文期刊出版的内容与质量情况；进行中文期刊的开

发利用与读者利用需求情况的调研；掌握上一年度所收藏各种国内（不含台港澳地区）出版期刊的缴送情况，并进行分析。调研情况应客观准确，写出相应的调研报告，并根据调研结果确定订刊份数。收集订刊目录，确定订购渠道（书商或联合征订单位）。

②集中订购：按确定的订购书商或联合征订单位，核对其提供的订刊目录；根据《国家图书馆文献采选条例》确定需订购的期刊品种，注意对内部刊物的入藏进行甄别；根据确定的期刊品种与查重的结果，分出续订与新订期刊分别处理。

续订：对续订期刊依据期刊内容质量、读者利用情况、缴送情况、收藏和各阅览室的需求，确定每种期刊的订购份数。

新订：对新订期刊根据期刊的内容质量，收藏和各阅览室的需求，预测的读者利用情况，确定订购份数；以表格形式打印期刊订购清单，订单发出前进行查重，逐项核对，避免重复订购。发现漏订品种要及时补订，同时要核对订购的品种、份数与价格，确保准确无误。

停订：期刊因自然停刊等原因需停订的，及时告知记到人员，并在采访数据上做相应的标注。

③零星订购：对不通过书商或联合征订，而只采用自办发行渠道的期刊，应逐个与各编辑部联系，索要订单。根据订单查重后，按采访条例、前期调研情况以及阅览需求等情况，确定是否需要订购或订购份数。订单发出前要核对订购的品种、份数与价格，确保无误。

④建立采访数据：建立书商信息目录，建立期刊订单，设置不同复本的不同去向与催缺间隔时间。

⑤年度订刊总结：年度订刊完毕后，对订刊目录、期刊价格、经费使用情况等进行分析，撰写年度期刊订购的总结报告。

⑥接受缴送：协同国内出版物呈缴组宣传缴送制度，做好缴送登记，定期维护缴送单位信息，及时进行催缴，按要求做好缴送统计。

⑦补缺工作：随时掌握期刊的缺期与出版情况，通过各种方式与渠道及时进行缺期催补与品种补订。

⑧统计工作：统计工作按照《国家图书馆业务统计规范》执行，要求统计报表项目填报齐全，数据准确无误。

⑨书商监管工作：配合相关部门完成招投标工作，定期对中标书商进行考核，按时提交书商考核报告。

⑩质量标准：期刊误采率不超过0.3%；采重率不超过0.1%；核心期刊缺采率不超过0.2%；其他正式出版的期刊缺采率不超过1%；缺期率不超过2%。采访数

据错误率不超过2%。集中订购期刊到馆率不低于98%。

⑪严格遵守财务制度，保证账务清晰准确。按相关财务制度，做好与各书商或联合征订单位每笔订单的财务结算与报账手续，保证账目清晰。每年要对退/补款情况做出书面报告，说明退/补款原因，并按订购渠道列出清单。

（二）验收、登记

1. 工作内容

按中文期刊的收藏范围，对缴送期刊进行逐册接收登记，具体工作内容包括在系统上登记单册信息并建立单册数据，逐册加盖馆藏章、标注索刊号、根据事先设定的期刊去向对期刊进行分流，对不属于图书馆入藏范围，但已到馆的期刊进行剔除，以及催缺补刊和工作统计。

对订购期刊的记到工作进行验收，具体工作内容包括跟踪监督及验收外包公司的各项工作任务，对接刊登记、搬包、拆包验收、分刊、贴条形码、记到分流等工作逐册验收，定期提交外包工作考核表，依据订购合同对外包公司进行相关错误整改并开具罚单。

2. 质量规范

①接刊登记：接收送来的集中订购期刊，登记书商名称，与发货清单或交接卡进行详细核对，发现实物与清单或交接卡不符，立即通知采访人员，当场与书商在发货清单或交接卡上勘误。订购期刊需粘贴书商标识。

②搬包、拆包验收：从收发室将零星订购期刊和缴送期刊的邮包运到工作间后，须先进行拆包验收。挂号包裹需逐个验收，签字确认。

③分刊：核对完毕期刊，贴条形码，按学科、刊名字头粗分，分别放在待记到粗分架位上。

④建立单册数据：从待记到粗分架上取刊，登记单册信息，保存本加盖馆藏章、阅览本标注索刊号。根据设定的去向，将期刊送往相应的库房或阅览室，分流准确。

⑤在系统中登记期刊单册信息时，核对期刊MARC书目数据的刊名、出版地JSSN与统一刊号，以及出版年、卷、期等信息，确保记到期刊与书目数据相符。

⑥对期刊附带的光盘，依据《期刊所附光盘入藏及编目加工操作方案》进行相关操作。

⑦发现期刊更名或停刊，立即通知采访和编目人员。

⑧发现期刊有增刊、刊期变化或发现新刊，应立即填写期刊出版发行变更工作单，立即通知采编人员，待采编人员处理后，再在系统中登记单册信息。

⑨催缺补刊：对订购期刊发现缺刊，及时或定期向采选人员提出催缺通

知，发现漏订期刊，及时告知采选人员补订。

⑩监督验收：对外包人员记到情况进行监督，发现错误及时通知采选人员。

⑪严格按照采访方针规定的收藏范围，对确属不入藏的缴送期刊进行剔除。

⑫业务统计：每月统计工作量，统计工作按照《国家图书馆业务统计规范》执行，要求统计项目填报齐全，数据准确无误。

⑬严格按照记到规定完成全部工序，保证期刊在馆规定的日期内上架，不积压，记到错误率不超过1%。

二、外文期刊采选

外文期刊的采选工作包括国外和国内（不含台港澳地区）出版发行的外文期刊的采选、验收、记到、采选数据库维护等各项工作。

（一）采选

1.工作内容

每年外文期刊的续订、停订、新订、受缴、受赠和缺藏催补等工作。

2.质量规范

①订刊：每年订刊工作开始前，做好上一年期刊的到馆情况、读者利用、价格以及期刊质量等方面的调研，要求调研情况准确。根据订刊经费情况及时调整订刊，同时依据《国家图书馆文献采选条例》补充各学科新刊。

续订：每年对续订目录进行核实，在订刊目录上标注年份和刊价。维护计算机集成管理系统中的采选数据。

停订：期刊因自然停刊、订购品种调整以及购书经费等原因需停订的，应将相关信息标注在采访目录中。停订期刊信息及时告知记到人员，并在采访数据中做相应标注。

新订：根据《国家图书馆文献采选条例》的有关规定，查找相关资料，了解期刊的内容质量、读者利用以及出版发行等情况，选订新增期刊。

订单发出前逐项核对、查重，确保每种期刊只订1份，发现漏订品种要及时补订。打印订单，建立订刊目录。发现订重品种要及时撤订，最大限度地减少经费损失。

②接收交换期刊：接收交换科组转来的期刊，并与负责交换的科组及时协调、催补。

③接受缴送期刊：对国内（不含台港澳地区）出版的外文期刊，应宣传缴送制度，做好缴送登记，定期维护缴送单位信息，及时进行催缴。

④报账：按财务有关规定，做好外文期刊订刊经费的请款、报账等工作。

⑤年度订刊总结：年度订购完毕后，对所订外文期刊的质量、价格以及经费使用情况等进行分析，撰写年度订购的总结报告并上报。

⑥建立采访数据：建立书商信息目录、期刊订单，并设置期刊去向与催缺间隔时间。

⑦及时处理读者订刊推荐单，解答读者的有关咨询。

⑧统计工作：定期按要求进行采访工作统计，报送业务主管部门。要求统计报表项目填报齐全，数据准确无误。将相关订购数据报送业务主管部门和财务处，以便做经费预算。

⑨补缺工作：随时掌握期刊的缺期与出版情况，及时进行缺期催补。

⑩质量要求：误采率不超过0.3%，采重率不超过0.1%，缺期率不超过2%。采访数据录入错误率不超过2%，保证订购期刊到馆率98%。

⑪严格遵守财务制度，保证账务清晰准确。

⑫做好与其他图书馆之间的外文期刊协调工作。

（二）验收、登记

1. 工作内容

对缴送期刊及订购到馆期刊进行逐册验收登记。具体工作内容包括拆包验收、核对到货清单、分刊、登记、贴条形码、登记单册信息并建立单册数据，逐册标注索刊号、分类号、加盖馆藏章、夹磁条，并根据事先设定的期刊去向对期刊进行分流，以及催缺补刊和工作统计。

2. 质量规范

①接包登记：接到代理公司送来的订购期刊箱包之后，详细登记批次、代号、册数、包数。

②拆包验收：对送来的期刊按照发货清单或交接卡及时核对，根据订购期刊的目录核对检查代理公司所送期刊的品种是否有误、有无破损等。发现实物与清单不符现象，立即通知采访人员，核对后的清单按顺序整齐放好。

③分刊：核对清楚的期刊，按刊名字头分别放在待记到粗分架上。

④建立单册数据：从待记到粗分架上取刊，贴条形码、登记单册信息，逐册标注索刊号、分类号、加盖馆藏章、日期章、夹磁条，并根据设定的期刊去向，分别将期刊送往相应的阅览室，要求分流准确。

⑤登记期刊单册信息时，核对期刊MARC书目数据的刊名、出版地JSSN与订购号，以及出版年、卷、期等信息，确保记到期刊与书目数据相符。

⑥发现期刊更名或停刊，立即通知采访和编目人员。

⑦发现期刊有增刊和刊期变化，立即通知采访和编目人员，待采编人员处理后，再登记单册信息。

⑧对期刊附带的光盘，应作为其纸本期刊的附件处理，单独作为另一单册在建立单册数据，登记相应的单册信息，在盘盒上贴条码、书标，在盒脊上加贴盘标。

⑨催缺补刊：随时检查是否缺刊，若有缺刊应及时向采选人员提出催缺通知单，由采选人员向发货单位催缺补刊。

⑩业务统计：每月统计工作量，统计工作按照《国家图书馆业务统计规范》执行，要求报表统计项目填报齐全，数据准确无误，适时进行有关业务统计分析。

⑪严格按照记到规定完成全部工序，保证期刊在图书馆规定的日期内上架，不积压，记到错误率不超过1%。

三、海外及台港澳地区中文期刊采选

（一）采选

1. 工作内容

每年海外及台港澳地区中文期刊的续订、停订、新订和缺藏催补等工作。

2. 质量规范

①订刊：每年订刊工作开始前，做好上一年期刊到馆、期刊质量、读者利用、期刊价格等方面的调研，要求调研情况准确。根据订刊经费，及时调整订购品种，同时按照《国家图书馆文献采选条例》补充新品种。

续订：每年对续订目录进行核实，在订刊目录上标注期刊年份和刊价，付款前做好价格核对，补充采选数据。

停订：期刊因自然停刊、订购品种调整以及购书经费等原因需停订的，应将相关信息标注在采访目录中。停订期刊信息及时告知记到人员，并在采访数据中做相应标注。

新订：根据《国家图书馆文献采选条例》的有关规定，查找相关资料，了解期刊的内容质量及出版发行等情况，选订新刊。

对所订期刊进行查重，确保每种期刊只订1份。订单发出前要逐项核对，发现漏订品种要及时补订。打印订购清单，建立订刊目录。

②接收交换期刊：接收交换组转来的期刊，与交换组及时协调、催补。

③报账：按财务有关规定，做好与书商每笔订单的财务结算，账目清晰准确。

④年度订购总结：年度订购完毕后，对所订期刊的质量、价格以及经费使用情况等进行分析，撰写年度订购的总结报告。

⑤建立采访数据：建立书商信息目录、期刊订单，并设置期刊去向与催缺间隔时间。

⑥及时处理读者订刊推荐单，解答读者的有关咨询。

⑦统计工作：每月统计工作量，统计工作按照《国家图书馆业务统计规范》执行，要求报表统计项目填报齐全，统计数据准确无误，适时进行有关业务统计分析。

⑧补缺工作：随时掌握期刊的缺期与出版情况，及时进行缺期催补。

⑨质量标准：期刊误采率不超过0.3%，采重率不超过0.1%，缺期率不超过2%，采访数据录入错误率不超过2%，保证订购期刊到馆率98%。

⑩严格遵守财务制度，账务清晰准确。

⑪做好与其他图书馆之间的协调工作。

（二）验收、登记

1. 工作内容

对订购到馆的海外及台港澳地区中文期刊进行逐册验收登记。具体工作内容包括接包登记、搬包、拆包验收、贴条形码、登记单册信息并建立单册数据，逐册加盖馆藏章、标注索刊号、根据事先设定的期刊去向对期刊进行分流，以及催缺补刊和工作统计。

2. 质量规范

①接包登记：接到代理公司送来的订购期刊箱包之后，首先详细登记批次、代号、册数、包数，以便日后检查核对。根据订购期刊的目录核对检查代理公司所送期刊的品种是否有误、有无破损等。

②拆包验收：对送来的期刊按照发货清单或交接卡进行核对，如有发现实物与清单不符现象，立即通知采访人员，核对后的清单按顺序整齐放好。

③建立单册数据：对验收无误的期刊，贴条形码、在系统中登记单册信息，逐册加盖馆藏章、日期章、标注索刊号，根据设定的期刊去向，分别将期刊送往相应的库房。

④登记期刊单册信息时，核对期刊MARC书目数据的刊名、出版地JSSN与订购号，以及出版年、卷、期等信息，确保记到期刊与书目数据相符。

⑤发现期刊更名或停刊，立即通知采访和编目人员。

⑥发现期刊有增刊和刊期变化，立即通知采访和编目人员，待采编人员处理后，再在系统中登记单册信息。

⑦对期刊附带的光盘，应与其纸本期刊一起，单独作为另一单册登记相应的单册信息，建立单册数据，在盘盒上贴条码、书标，在盒脊上加贴盘标。

⑧催缺补刊：随时（或定期）检查是否缺刊，若有缺刊应及时向采选人员提出催缺通知单，由采选人员向发货单位催缺补刊。

⑨统计工作：每月统计工作量，统计工作按照《国家图书馆业务统计规范》执行，要求报表统计项目填报齐全，统计数据准确无误，适时进行有关业务统计分析。

⑩按照记到规定完成全部工序，保证期刊在馆规定的日期内上架，不积压，记到错误率不超过1%。

第三节　报纸类文献采选

一、中文报纸采选

（一）采选

1. 工作内容

每年中文报纸的续订、停订、新订、受缴、受赠和缺藏催补等工作。

2. 质量规范

①前期准备：了解国家新闻出版署的最新政策；进行中文报纸的出版发行渠道，以及价格的调研；了解中文报纸出版的内容与质量情况；进行中文报纸的开发利用与读者利用需求情况的调研；掌握上一年度所收藏各种报纸的缴送情况，并进行分析。收集订购目录，确定订购渠道。

②集中订购：核对收集的订购目录；根据《国家图书馆文献采选条例》确定需订购的报纸品种。根据确定的报纸品种与查重结果，分出续订与新订报纸。

续订：对续订报纸依据其内容质量、读者利用情况、缴送情况、收藏和各阅览室的需求，确定每种报纸的订购份数。

新订：对新订报纸根据其内容质量，收藏和各阅览室的需求，以及预测的读者利用情况，确定订购份数；订单发出前进行查重，逐项核对，避免重复订购。

发现漏订品种要及时补订，同时要核对订购的品种、份数与价格，确保准确无误。

停订：报纸因自然停报等原因需停订的，及时告知记到人员，并在记到卡片和采访数据中做相应标注。

③零星订购：对只有自办发行一个发行渠道的报纸，逐个与各报社联系，按采访条例、前期调研情况以及阅览需求确定是否需要订购以及订购份数。按财务制度，做好请款、报账、付账等手续。

④建立采访数据：建立书商信息目录、报纸订单，设置不同复本的不同去向。

⑤年度订购总结：年度订购完毕后，对订购目录、报纸定价、经费使用情况等进行分析，并撰写年度报纸订购的总结报告。

⑥接受缴送工作：宣传缴送制度，做好缴送登记，定期维护缴送单位信息，及时进行催缴，按要求做好缴送平台登记工作。

⑦补缺工作：随时掌握报纸的缺期情况与出版情况，并通过各种方式与渠道及时进行缺期催补与品种补订。

⑧统计工作：每月统计工作量，统计工作按照《国家图书馆业务统计规范》执行，要求报表统计项目填报齐全，数据准确无误，适时进行有关业务统计分析。

⑨质量标准：报纸误采率不超过0.3%，采重率不超过0.1%，中央级报纸缺采率不超过0.2%，非中央级报纸缺期率不超过1%，采访数据错误率不超过2%。

⑩严格遵守财务制度，做好与书商每笔订单的财务结算，保证账目清晰。

（二）验收、登记

1. 工作内容

对缴送报纸以及订购到馆报纸进行逐份验收登记。具体工作内容包括拉包、拆包、核对、粗分、手工卡片记到、缴送平台记到、逐份加盖馆藏章，根据规定将记到后的报纸分别送到相应的库房或阅览室，以及催缺补报和工作统计。

2. 质量规范

①拉包、拆包：从收发室、各送报公司等处将邮局集中订购、零星订购和缴送报纸的邮包运到工作间后，进行拆包验收核对，不丢包。

②粗分：把核对后的报纸进行粗分，分配给各记到人员。拆包、分拣报过程中爱惜报纸，禁止乱堆乱放。

③手工卡片记到：按省份、记到卡片的排架顺序，进行报纸细分，根据报名找出相应的记到卡片，核对无误后，将该报期号记在卡片相应的位置上，缺期情

况用红点标注，当天进行催补。

④缴送平台记到：登录缴送平台，检索待记到报纸。若没有对应MARC数据，则进行人工简编；根据MARC数据生成报纸频率表；按报纸的出版日期对其期号和总期号进行记到。若保存本报纸有缺期且催补未果，则从缴送本中提取相应报纸进行补藏。

⑤加盖馆藏章：对每一份入藏报纸加盖馆藏章，馆藏章按规定盖在每期报名的中间，印章字迹向上，油印清晰，保存本上报纸现报架，阅览报纸送阅览室。

⑥发现报纸更名或停刊，立即填写报纸出版发行变更工作单，交给采访和编目人员，进行数据更改与说明。

⑦发现报纸有号外、增刊和出版频率变化，立即填写报纸出版发行变更工作单，并及时交给采访和编目人员，待采编人员处理后，再进行记到。

⑧催缺补报：记到人员要勤整理记到卡片，发现未订购的或已订购但未到的报纸，及时告知采访人员进行催补。对每天到馆的报纸进行逐期记到、分流、上架，不能积压。待当天到馆的报纸全部登到完后，集中电话与邮局、各送报纸公司进行首次催补。对向各报社订购及缴送到馆的报纸发现缺期，应及时通过电话、传真、信函等方式进行催补，月底再进行2次或多次催补；每季度将多次催补仍未到报的进行集中催补。

⑨记到人员每月对自己所管理的报纸进行系统集中催缺至少1次。

⑩按照采访方针规定的收藏范围，对确属不入藏的缴送报纸进行剔除。

⑪业务统计：每月统计工作量，在规定时间内上报，要求报表统计项目填报齐全，统计数据准确无误，适时地进行有关业务统计分析。

⑫按照记到规范完成全部工序，保证报纸在国家图书馆规定的日期内上架，不积压，记到错误率不超过1%。

二、外文报纸采选

外文报纸的采选工作包括国外和国内（不含台港澳地区）出版发行的外文报纸的采选、验收、记到、采选数据库维护等各项工作。

（一）采选

1. 工作内容

每年外文报纸的续订、停订、新订、受缴、受赠和缺藏催补等工作。

2. 质量规范

①订购：每年订报工作开始前，做好上一年报纸的到馆情况、报纸质量、读

者利用、报纸价格等方面的调研，要求调研情况准确。根据订购经费，及时调整订购品种与载体形式，同时依据《国家图书馆文献采选条例》补充新品种。

续订：每年对续订目录进行核实，补充采选数据。

停订：报纸因自然停报、订购品种调整以及购书经费等原因需停订的，将停订信息在订报目录中标注出来，及时告知记到人员，并在记到卡片和采访数据中做相应标注。

新订：根据《国家图书馆文献采选条例》的有关规定，查找相关资料，了解报纸的内容质量及出版发行等情况，选订新增报纸。

对所订报纸进行查重，确保每种报纸只订1份，订单发出前要逐项核对，发现漏订品种要及时补订。打印订购清单，建立订购目录。发现订重品种要及时撤订，最大限度地减少经费损失。

②接受交换报纸：接受交换组转来的报纸，与交换组及时协调、催补。

③接受缴送：对国内（不含台港澳地区）出版的外文报纸，宣传缴送制度，做好缴送登记，定期维护缴送单位信息，及时进行催缴，按要求做好缴送统计。

④报账：按财务有关规定，做好与书商每笔订单的财务结算，账目清晰准确。

⑤年度订购总结：年度订购完毕后，对所订外文报纸的质量、价格以及经费使用情况等进行分析，撰写年度报纸订购的总结报告。

⑥及时处理读者订报推荐单，认真准确解答读者的有关咨询。

⑦统计工作：每月统计工作量，统计工作按照《国家图书馆业务统计规范》执行，要求报表统计项目填报齐全，数据准确无误，适时进行有关业务统计分析。

⑧补缺工作：随时掌握报纸的缺期与出版情况，及时进行缺期催补。

⑨质量标准：报纸误采率不超过0.3%，采重率不超过0.1%，缺期率不超过2%，采访数据录入错误率不超过2%，保证订购报纸到馆率98%。

⑩严格遵守财务制度，账务清晰准确。

⑪做好资源共建共享，做好与其他图书馆之间的协调工作。

（二）验收、登记

1. 工作内容

对缴送、赠送或交换的报纸以及订购到馆报纸进行逐份验收登记。具体工作内容包括接包登记、搬包、拆包、核对、粗分、手工卡片记到、逐份加盖馆藏章，根据规定将记到后的报纸分别送到相应的库房或阅览室，以及催缺补报和工作统计。

2. 质量规范

①接包登记：接到代理公司送来的订购报纸箱包之后，首先详细登记批次、代号、册数、包数，以便日后检查核对。

②拆包、核对：对送来的报纸按照发货清单或交接卡进行核对，根据订购报纸的目录核对检查代理公司所送报纸的品种是否有误、有无破损等。发现实物与清单不符的现象，立即通知采访人员，核对后的清单按顺序整齐放好。

③粗分：把核对后的报纸进行粗分，分配给各记到人员。分报过程中爱惜报纸，禁止乱堆乱放。

④手工卡片记到：按报名找出相应的记到卡片，核对无误后，将该报期号记在卡片相应的位置，缺期情况用红点标注。

⑤加盖馆藏章：对每份入藏报纸加盖馆藏章，按要求上架。

⑥发现报纸更名或停刊，立即填写报纸出版发行变更工作单交给采访和编目人员。

⑦发现报纸有增刊和出版频率变化，立即填写报纸出版发行变更工作单，及时交给采访和编目人员，待采编人员处理后，再进行记到。

⑧催缺补报：随时（或定期）检查是否缺报，缺报情况向采选人员（或直接向代理公司）提出催缺通知单，向发货单位催缺补缺。

⑨业务统计：每月统计工作量，统计工作按照《国家图书馆业务统计规范》执行，要求报表统计项目填报齐全，统计数据准确无误，适时进行有关业务统计分析。

⑩按照记到规定完成全部工序，保证报纸在馆规定的日期内上架，不积压，记到错误率不超过1%。

三、海外及台港澳地区中文报纸采选

（一）采选

1. 工作内容

每年海外及台港澳地区的中文报纸的续订、停订、新订和缺藏催补等工作。

2. 质量规范

①订刊：每年订报工作开始前，做好上一年报纸到馆、报纸质量、读者利用、报纸价格等方面的调研，要求调研情况准确。根据订购经费，及时调整订购品种，同时按照《国家图书馆文献采选条例》补充新品种。

续订：每年要对续订目录进行核实，在订刊目录上标注期刊年份和刊价，付款前做好价格核对，补充采选数据。

停订：报纸因自然停报、订购品种调整以及购书经费等原因需停订的，应将相关信息标注在采访目录中，并及时告知记到人员，在记到卡片和采访数据中做相应标注。

新订：根据《国家图书馆文献采选条例》的有关规定，查找相关资料，了解报纸的内容质量及出版发行等情况，选订新增报纸。

对所订报纸进行查重，确保每种报纸只订1份。订单发出前要逐项核对，发现漏订品种要及时补订。打印订购清单、建立订报目录。

②接收交换报纸：接收交换组转来的报纸，与交换组及时协调、催补。

③报账：按财务有关规定，做好与书商每笔订单的财务结算，账目清晰准确。

④年度订购总结：年度订购完毕后，对所订报纸的质量、价格以及经费使用情况等进行分析，撰写年度订购的总结报告。

⑤建立采访数据：建立书商信息目录、报纸订单，设置报纸去向。

⑥及时处理读者订报推荐单，解答读者的有关咨询。

⑦统计工作：每月按要求进行采访统计，统计工作按照《国家图书馆业务统计规范》执行。要求报表统计项目填报齐全，统计数据准确无误，适时进行有关业务统计分析。

⑧补缺工作：随时掌握报纸的缺期与出版情况，及时进行缺期催补。

⑨质量标准：报纸误采率不超过0.3%，采重率不超过0.1%，缺期率不超过2%，采访数据录入错误率不超过2%，保证订购报纸到馆率98%。

⑦严格遵守财务制度，保证账务清晰准确。

⑪做好资源共建共享，做好与兄弟馆之间的协调工作。

（二）验收、登记

1. 工作内容

对订购到馆海外及台港澳地区中文报纸进行逐份验收登记，具体工作内容包括接包登记、搬包、拆包、核对、手工卡片记到、逐份加盖馆藏章，根据规定将记到后的报纸分别送到相应的库房或阅览室，以及催缺补报和工作统计。

2. 质量规范

①接包登记：接到代理公司送来的订购报纸箱包之后，首先详细登记批次、代号、册数、包数，以便日后检查核对。根据订购报纸的目录核对检查代理公司所送报纸的品种是否有误、有无破损等。

②拆包、核对：对送来的报纸按照发货清单或交接卡进行核对，发现实物与清单不符现象，立即通知采选人员，核对后的清单按顺序整齐放好。

③手工卡片记到：对验收后的报纸，按报名找出相应的记到卡片，核对无误后，将该报期号记在卡片相应的位置上，缺期情况用红点标注。

④加盖馆藏章：对每份入藏报纸加盖馆藏章，并按要求上架。

⑤发现报纸更名或停刊，立即填写报纸出版发行变更工作单交给采访和编目人员。

⑥发现报纸有增刊和出版频率变化，应立即填写报纸出版发行变更工作单，并交给采访和编目人员，待采编人员处理后，再进行记到。

⑦催缺补报：随时（或定期）检查是否缺报，若有缺报应及时向采选人员（或直接向代理公司）提出催缺通知单，向发货单位催缺补缺。

⑧统计工作：每月统计工作量，统计工作按照《国家图书馆业务统计规范》执行，要求报表统计项目填报齐全，统计数据准确无误，适时进行有关业务统计分析。

⑨按照记到规定完成全部工序，保证报纸在馆规定的日期内上架，不积压，记到错误率不超过1%。

第四节　古籍与特藏文献的采选

通过接受缴送和受赠、征集、购买、传拓、复制等多渠道，采选善本古籍、普通古籍、新线装、新善本、名家手稿、精装精印、少数民族古籍、敦煌资料、金石拓片、地图、照片、古籍缩微胶卷等类文献。工作环节包括选目、专家鉴定、报批购买文献报告、办理购买手续、验收登记、组织采访目录（未进入计算机系统）、报账、采选统计等。

一、采选

（一）购买

1. 工作内容

对包括善本古籍、普通古籍、新善本、名家手稿、少数民族语文古籍、石刻新旧拓片、新旧地图、照片、旧年画、敦煌资料等在内的古籍与特藏文献的访寻、初选、查重，对拟购买文献鉴定及估价、办理购买手续等。

2. 质量规范

①采选工作积极主动，严格执行图书馆有关文献采选、加工、购书经费管理

的各项规定。

②与各有关单位、机构和古旧书店及重要藏书家等保持密切联系，并视情况适时走访，多方收集包括私家目录、拍卖目录在内的有关资料和售书信息；积极通过各种渠道获得各种载体的特藏文献的征订目录、出版信息、内部出版物动态等。

③初选购买目录。对收集到的可采书目信息按古籍及特藏文献的收藏范围和标准进行初步挑选。在经费允许的情况下，尽力多方访求收藏价值大、质量高的藏品。

④对访寻对象查重。通过多途径、多系统认真查重，防止漏检，杜绝重复采购；误采率图书类不超过0.5%，报刊类不超过0.3%。

⑤按馆规定组织或参与古籍和特藏文献鉴定。

⑥购买经费报审。认真履行购买审批制度和财务报销制度；根据每种文献定价，按规定进行报审。

⑦办理购买手续。

⑧需要其他部门采选的文献应及时向相关部门提供书目信息。

（二）受赠

1. 工作内容

考察捐赠品的价值，进行查重；与提出奖励要求的捐赠者协商奖励金额；受赠30种以上或受赠文献具有特别价值的需报批受赠报告；办理受赠手续（包括制作捐赠相关证书，举办赠书仪式或其他形式的赠书活动）。

2. 质量规范

参见本章第一节第一部分中文图书采选工作相关条款。

（三）竞拍

1. 工作内容

收集有关古籍与特藏文献拍卖会信息，查阅拍品图录；对拟竞拍的拍品查重，组织专家论证，对拟竞拍拍品进行限价；提出拟竞买文献目录报批；到展品展览会考察拍品，可根据目验结果调整拟竞拍拍品的价格，一般不高于报批的限价；参加现场竞买，办理购买手续。

2. 质量规范

①执行国家拍卖法的规定和《国家图书馆文献竞拍工作管理办法（试行）》的有关规定。

②建立与各拍卖公司的业务联系并建立联系档案。随时了解和掌握有关拍品

信息、拍卖市场以及相关群体的情况。

③了解拍卖机构及拍品是否合法，尤其注意文物拍卖是否合法。

④收到拍品目录后，认真进行馆藏查重，确认是否缺藏。要特别注重对珍品和孤本的寻访，竞拍一般不购买复本。

⑤到拍品展示会现场考察拍品时，应详细了解意向拍品的一切情况，对其真伪和品相进行认真鉴定，把握拍品的真实性。

⑥根据考察情况和拍品鉴定专家小组的鉴定意见，选定拍品并按规定办理参加竞拍审批手续。对专家小组鉴定有争议的拍品不予选择。

⑦竞拍意向建议审批通过后，参加竞拍单位应制订具体竞拍方案并指定竞拍人。竞拍方案应注意保密。

⑧现场竞买应集中精力，把握机会。一般情况下，竞拍所得拍品价格不得超过报批标准。

⑨竞拍成功后，按规定办理相关手续。竞拍工作全部结束后，应有详细的书面总结报有关领导。总结和拍卖活动的相关材料应予留档。

（四）金石文献传拓

1. 工作内容

收集新出土或新发现石碑、甲骨、青铜器等信息，办理外出传拓的申请手续，进行传拓。

2. 质量规范

①执行国家有关文献拓印、复制的有关规定。

②根据拓件的不同，选择适当的拓印方法。

③拓片应墨色均匀，拓印清晰。

二、验收、登记

1. 工作内容

善本与特藏文献到馆后拆包，对发票，发回执，记到，盖馆藏章，登记，报账，写谢函，办理赠书手续等。

2. 质量规范

①到馆文献及时验收，认真清点核查并登记。必须与缴送单、捐赠清册及发票核对无误后才能办理入藏手续和向财务报账。

②竞拍取得的文献，验收按《国家图书馆文献竞拍工作管理办法（试行）》的有关规定。

③如需向捐赠者颁发奖金，须持主管馆长签字的审批报告在财务处领取现金（或现金支票）。

④验收登记及时、字迹工整、准确无误。加盖馆藏章要位置适当，印油均匀，轻重适度，方位方正；条形码按规定位置粘贴。

⑤善本与特藏的财产账，一经登记，不得随意涂改、削改或挖改，如确需更改时，必须向组长说明情况，然后在备注项中注明原因，也可单独注明，加盖核验章。登记簿应由专人保管，不得随意涂改、销毁。

⑥按规定办理相关财产及报账手续。严格遵守国家图书馆财务制度，账目清楚，请款报账及时，一切手续和凭证符合财务管理规定。

⑦受赠品分流准确。

⑧验收登记校对前错误率不高于1%。善本古籍、普通古籍、善拓等不应有差错。

三、购书经费管理、业务统计、采选管理

1. 工作内容

统计购书经费使用情况；统计通过各种渠道采选的古籍与特藏文献数量，填报业务工作统计报表；进行采选工序各工作环节的质量检查，以及误采率、加工时限、业务统计等方面的专项检查。

2. 质量规范

①购书经费统计准确，每年进行经费使用情况分析。

②统计工作按照《国家图书馆业务统计规范》执行，业务统计要实事求是，准确无误，适时进行有关业务统计分析。

③定期进行各项业务工作检查。

第五节　信息类资源的采选

一般认为文献信息，是指用文字、图像、符号、声频、视频等手段记录于一定物质载体上的信息。简言之，文献信息就是以文献为形式的信息，分为实体文献类信息和网络文献类信息。关于实体类文献信息的采选，前面已经介绍了具体的分类采选，接下来主要以电子出版物和音像资料两方面为主说明信息类资源的采选。

一、电子出版物采选

主要包括接收缴送的电子出版物、购买电子出版物、光盘版数据库和网络数据库等，以及相关的统计验收和账务工作。

（一）受缴

1. 工作内容

缴送电子出版物的接收和催询工作。

2. 质量规范

①接收各出版单位根据规定缴送的电子出版物。

②了解和掌握出版信息，及时向有关单位、编辑出版部门发出征缴信函，并附寄国家新闻出版署文件《关于缴送音像、电子出版物样品的通知》及投递标签，同时填写采选卡存档。

③对按规定应缴送而未缴送的普通电子出版物，及时向有关编辑、出版单位发出催缴信函，以保证馆藏完整。

④接收个人或团体的捐赠，按规定给捐赠人或团体寄发捐赠证书或感谢函。

（二）购买

1. 工作内容

通过各种渠道全面搜集国内外电子出版物的出版信息，依据图书馆电子出版物采访条例和现有馆藏和经费情况，制订采购计划及预算；购买电子资源经费的请款、报账、付账等；联系出版商做好所订数据库的培训工作。

2. 质量规范

①按照年度工作计划完成本年度采访任务。

②不定期举办专家研讨会，为采访工作提供参考依据。

③在采访过程中，力求保证订购数据库的延续性。

④续订数据库到期后及时缴纳使用费，并及时办理相关手续。

⑤新增数据库要详细调研，根据图书馆采访经费情况和电子资源的建设方向，写出新增报告，经讨论批准、商务谈判、相关合同的审批后办理购置手续。

⑥在订购电子出版物时，要与出版商明确双方的权利、义务和责任，在领导批准后由相关部处签订有关的法律合同。

⑦订单提交后，采购人员要跟踪出版商或代理商对订单的执行情况，如是否正确地收到订单、货是否发出、订户的付款是否已收到、发票是否已寄出、到货是否有误。

⑧到货登记应做详细登记，如到货数量、发货日期、到货日期、附注，同时应将到货单附在登记簿内，原始凭证。

⑨在所订购的资料未到的情况下一般要给出版商发催询单，在条件成熟情况下利用采访系统的功能发送。

⑩定期制作报表。在完成一阶段的订购任务后，要做统计报表。同时将没有开发票的订单、被出版商取消的订单等特殊订单做详细的记录。

⑪严格遵守图书馆财务制度，报账及时，账目清楚，一切手续和凭证符合财务管理要求。

（三）验收、登记

1. 工作内容

对缴送、购买、赠送、交换及其他部门转来的电子出版物进行逐册验收登记；在系统中建立出版商、单册等采访记录。

2. 质量规范

①到货登记应做详细登记，如到货数量、发货日期、到货日期、附注，同时应将到货单附在登记簿内，做原始凭证。

②对实体电子出版物进行验收、核对缴送单并标注缴送种数、盘数及价格等相关信息，移交不属于本室收藏范围的实体电子出版物。

③在系统中进行单册查重。

④资料的验收要认真、质量要把关。通过浏览光盘，查看收到的电子出版物能否正常使用，如盘片是否损坏、是否缺少序列号。有破损或未提供序列号或注册码的光盘，及时与出版社联系索取或更换。

⑤已购需装载本地的网络出版物，与系统管理人员联系，解决存储空间等问题；在合同相关条款规定的期限内，按合同相关条款验收。

⑥所购IP控制的网络出版物，在合同相关条款规定的期限内对其开通的网络出版物按合同相关条款验收。验收合格后，与相关技术人员联系，及时做好网络挂接、数字门户挂接及SFX挂接等工作。

⑦对网络出版物的数据库更新进行验收。

⑧在系统中制作出版商信息资料，包括出版商的名称、国家、联系人、资料类型、地址、语言、注释、账户、货币种类、电子邮件、地址等信息。

⑨建立光盘的单册信息，单册表单各项录入准确。

⑩进行光盘的快速编目，并标注馆藏号。

⑪进行数据挂接。

（四）购书经费管理、业务统计、采选管理

1. 工作内容

对购书经费的使用情况进行统计；统计缴送和购买的实体电子出版物数量，并进行数据库流量、使用率等统计，为电子出版物的续订提供依据；进行采选工序各工作环节的质量检查，以及缴送率、缺采率、误采率、加工时限、业务统计等方面的专项检查。

2. 质量规范

参见本章第一节中文图书采选工作相关条款。

①严格遵守国家图书馆财务制度，账目清楚，请款报账及时，手续和凭证符合财务管理规定。

②购书经费统计准确，每年进行经费使用情况分析。

③统计工作按照《国家图书馆业务统计规范》执行，业务统计工作要实事求是，准确无误，适时进行有关业务统计分析。

④定期进行各项业务工作检查。

二、音像资料采选

按照图书馆馆定采选方针和要求，采选音像资料。

（一）受缴

1. 工作内容

音像资料的接受缴送、登记、催缴等工作。

2. 质量规范

①按照国务院颁布的《音像制品管理条例》和国家新闻出版署颁布的《音像制品出版管理规定》等系列规范性文件接受缴送音像资料，保证品种齐全和缴送率不断提高。

②将从收发部门取回的邮包和出版社寄送的包裹进行仔细核对，验收时按出版社一次将包找全，分包时按出版社集中码放，拆验时将包裹内样书清单与音像资料逐一核对并检查样盘质量，无误后填写出版社缴送音像资料登记簿和出库单。邮包和验收完的音像资料码放整齐，排列有序。

③发现清单与音像资料数量不符、样盘存在残缺和破损等质量问题应及时记录，并通知催缴人员进行补缴和调换。

④核对数量错误率不超过1%。

⑤出版社缴送音像资料登记簿和出库单填写准确无误，不漏记、不误记。

⑥音像资料应在到馆后10个工作日内拆包验收完毕，避免产生积压。

⑦验收过程中禁止以任何理由私自截流文献。

⑧验收完毕的样盘清单副本盖章，作为回执及时寄回缴送单位；清单无副本可复制原清单，回复缴送单位；缴送单位未附清单须及时与缴送单位联系，补齐缴送样书清单或自制回执。

⑨缴送样盘清单（或自制回执）按规定整理留档。

⑩广泛收集各种书目信息，了解和掌握音像资料缴送单位的出版情况和缴送情况。

⑪加强缺缴音像资料的催缴工作，建立缺缴音像资料目录，得到信息并及时补充。

⑫以QQ群、电话、信函、走访等方式对未按规定缴送样盘的出版社及有关单位及时进行催缴，将联系情况记录备案。要求做到三勤：勤打电话、勤写信、勤答复。

⑬对各出版社及有关单位的缴送情况进行统计、分析和评价。每月对缴送音像资料验收数量和登记量进行统计；缴送情况统计分析每季度报部门一次，每半年报业务主管部门一次；下一年度6月底以前，完成上一年度音像资料缴送率的统计工作并报业务主管部门。

⑭缴送统计工作按照《国家图书馆业务统计规范》执行，要求做到数据准确无误，分析与评价准确客观，按时上报有关部门。

（二）购买

1. 工作内容

收集出版信息和调查读者需求，进行预订音像资料的初选、查重，根据设备的使用情况预订不同载体的音像资料；建立预订音像资料的书目记录和订单记录，录入书目和订单的各项信息；打印并发送订单；对未到的订单进行核查，并做相应处理。

2. 质量规范

①全面了解馆藏，熟悉出版动态，深入调查读者需求，汇总读者需求信息。根据馆定工作任务情况，制订采选工作规划。

②积极多方搜集出版信息和征订书目，通过音像书店、市场、网上以及一些书商提供的目录等方式获得国内外出版信息。

③按照既定的采选工作条例、采访范围选购音像资料，做到所选的资料既有收藏价值，又有时效性。

④订购前必须先查重，外文原版音像资料的订购，应尽量避免重购、漏购。误采率不超过1%。

⑤订单和书目记录的内容包括ISRC、题名、责任者、出版社、价格、预订册数、选订人、发订日期和发往单位等。录入完毕进行核查，保证各项录入数据准确。

⑥选订的书目交由审定人员进行复审，复审时应重点核查订单中音像资料的载体、订购数量、价格以及录入质量，及时纠正错误的订购信息。不误订、不重订，不漏订。误采率（包括不应入藏的品种和多余复本）不超过1%。

⑦加强订单跟踪，检查未到音像资料情况。发订音像资料1年内未到的，应向发订书商进行查询，视情况做撤订和重新征订处理。

（8）做好采选数据维护，定期剔除撤订书的预订数据。

（9）建立书商信息，对采访的渠道进行规范，在系统内建书商信息，包括名称、地址、邮政编码、电话等，根据每年变化进行修改维护。

（三）验收、登记

1. 工作内容

对收到的音像资料进行拆包验收，验收完毕的音像资料按载体归类，查重，盖馆藏章，贴条形码，打贴书标，给索取号，建采访信息、单册信息、书商信息等工作。

2. 质量规范

①及时对收到的音像资料进行拆包，按照所附清单，根据不同载体进行核对，核定种、盘数，进行分类、估算音像资料每种的价格，填写报账单报账。

②验收完毕的缴送资料清单副本盖章并及时寄回缴送单位；清单无副本应复制原清单，回复缴送单位；缴送单位未附清单须及时与缴送单位联系补齐缴送文献清单或自制回执。缴送文献清单（或自制回执）按规定整理留档。

③核对数量应准确无误，错误率不超过1%。

④验收完毕的音像资料按入藏标准确定入藏、不入藏或需要转出的音像资料种、盘数量，并办理相关的手续。需要转出的音像资料放在固定位置，及时通知或转交相关部门。对不入藏的音像资料，根据不同的载体类型进行统计，并与相关部门联系，填写除单，做剔除工作。

⑤依次以ISRC、题名、著者、出版社等对验收完的音像资料进行查重、核对，根据图书馆的入藏标准确定入藏。经记到查重后，误采率不超过1%。

⑥根据不同载体的资料，按照不同流水号的顺序，盖章、打贴书标、贴条形码，同时在盘面上写上索取号。索取号须保证准确无误，打书标要清楚、贴书标

和条形码的位置准确。

⑦建立出版社（书商）信息，并及时更新维护。

⑧对未建立采访数据和订单的音像资料补建采访数据和订单，准确录入各个项目，包括题名、资料类型、出版社、数量、单价、资料来源等。

⑨建立单册数据。根据采访数据，连接单册信息，按照单册信息的要求填写各项内容，包括条形码、馆藏地点、索取号类型、索取号、资料状态等，要求填写各项准确无误，错误率不超过1%。

⑩浏览音像资料，测算播放时间并查看资料的图像、音响效果、文种、字幕种类等。

⑪将记到、加工完毕的资料清点按排架顺序排好，转交下一环节。

⑫要求记到加工及时，不积压，不影响下一环节的工作流程。

（四）购书经费管理、业务统计、采选管理

1. 工作内容

购买资料的请款、报账；每月对全组采选数量、登记加工的数量等进行统计，填报业务报表；进行采选工序各工作环节的质量检查，以及缴送率、误采率、加工时限、业务统计等方面的专项检查。

2. 质量规范

参考本章第一节图书类文献采选相关条款。

①对购买的资料，按照每批资料的实付款同供货单位结账，并验收发票，填写请款单，有关人员签字后送交财务部门审核、报账。严格遵守国家图书馆财务制度，购书经费统计准确，报账及时，账目清楚，一切手续和凭证符合财务管理要求。

②购书经费统计准确，每年对购书经费的使用情况做统计分析。

③统计工作按照《国家图书馆业务统计规范》执行，业务统计工作要实事求是，准确无误，适时进行有关业务统计分析。

④定期进行各项业务工作检查。

第四章　图书馆文献编目业务建设

文献编目是针对不同载体形式的中外文图书、期刊、报纸和电子出版物、缩微文献、音像制品等进行文献形式特征和内容特征的描述与揭示，编制书目型与规范型机读数据，以及数据维护与更新工作。本章主要从中文文献的编目及加工、外文文献的编目及加工、古籍与特藏文献的编目、信息类资源的编目四个方面分析图书馆文献编目的建设。

第一节　中文文献的编目及加工

一、中文类文献编目

中文文献（包括专著类文献、学位论文、视听文献、电子出版物等）编目与数据库维护工作主要包括著录、标引、规范控制、数据库维护等工作，以及文献交接、质量检查、工作量统计和工作管理等辅助管理工作。

（一）著录

1. 工作内容

在文献记到的基础上，对入藏文献进行数据查重或公务目录查重后，依据《中国文献编目规则》（以下简称《编目规则》）和《中国机读目录格式使用手册》（以下简称《机读目录格式》）的相关规定编制MARC格式机读书目数据。

2. 质量规范

①依据《编目规则》和《机读目录格式》的相关规定，完成在编文献题名与责任说明项、版本项、出版发行项、载体形态项、丛编项、附注项、标准编号（或代替号）与获得方式项的著录工作。根据文献类型，完成CNMARC记录头标

区与编码信息块的著录工作，并根据文献内容撰写内容提要。

②按主要信息源和规定信息源的要求选择各著录项目。

③依据文献类型和文献内容，著录各字段标识符、指示符、子字段代码，字段、子字段内容；著录项目齐全。

④正确填写各著录项目和著录单元，严格执行相关著录规则和著录格式使用手册的规定，不得遗漏著录项目。

⑤根据文献内容撰写内容提要。内容提要达到内容揭示准确、简明，无错漏字。

⑥对丛书、多卷书、再版书等文献，注意前后著录标准的一致性、连贯性。

⑦著录完毕应进行自校，确保著录的每条书目数据项目齐全，无遗漏、无差错。

⑧错误率不超过8%。

（二）著录审校

1. 工作内容

根据不同文献的特点，对已著录的文献进行书目数据格式、著录项目及著录内容的审校、检查工作。

2. 质量规范

①依据《编目规则》和《机读目录格式》的要求对著录情况进行校对，确保按规定信息源选取各著录项目和著录单元，数据做到完整、准确，著录项目和著录单元无遗漏，数据内容中标识、代码、文字著录无误；检索字段规范。

②按详细级次著录主要项目和全部选择项目；著录项目和著录单元完整、规范，标识符使用正确。

③遵循客观著录原则，不随意简化、更改、颠倒顺序或遗漏各著录项目；确保数据格式正确、著录完整和数据唯一。

④对丛书、多卷书、再版书、合订册及无总题名图书的著录方式进行合理的选择，确保前后著录标准一致、连贯；有检索意义的相关题名著录无遗漏或重复。

⑤内容提要的内容揭示准确到位、简明，无错漏字。

⑥附注内容著录完整、不丢失，内容文字简洁明了，尽量采用固定导语和规范用语。

⑦对各著录环节发现的错误，及时通知校对、著录人员改正，确保数据的质量。

⑧审校后的错误率不超过2%。

（三）分类和主题标引

1. 工作内容

完善已著录文献的各个必备字段。依据《中国图书馆分类法》，对文献进行分类，提供分类号、种次号或著者号。依据《中国分类主题词表》对文献进行主题标引。

2. 质量规范

①依据《编目规则》和《机读目录格式》，正确著录、完善文献的各个必备字段，以保证数据完整和准确。

②按照标引规则，以文献内容的科学属性为主要标准，以地区、国家、民族、时代、形式等特征为辅助标准进行分类，提供的分类号准确、专指，同类同内容、多卷册、多版次文献类号一致。

③在分类时，应分入下位类、需要进行仿分或复分的文献，不应随意分入上位类和不进行仿分和复分。文献的分类准确、到位；仿分、复分及类号组合合理。分类号书写形式完全依照分类表的书写形式和规定书写，不随意改变。

④掌握好分类号在组配复分时的加"0"规则，防止出现重号、错号。

⑤依文献内容选用规范的检索语言提供主题标引，主题词专指并与文献内容相互对应，主题标引记录准确、无遗漏。

⑥主题词表中的词不足以揭示文献的内容主题时，可采用非控主题词揭示文献的内容主题。

⑦新编制的名称规范数据力求内容正确，不遗漏重要信息，确保规范数据中标目的唯一性。

⑧保证新到图书编目工作不产生积压。

⑨错误率不超过8%。

（四）分类和主题标引审校

1. 工作内容

依据编目规则、著录格式、分类和主题标引规则，对书目数据、分类、主题标引进行审校和修改工作。

2. 质量规范

①按《中国分类主题词表》《中国图书馆分类法》等对标引情况进行校对，确保文献分类标引和主题标引准确、专指；同类同内容文献标引一致，无差错；文献编目的必备项目齐全、准确、无误、无遗漏。

②提供的分类号、仿分、复分或需做互见的分类号准确、到位；分类号书写形式规范；确保分类标引不重号、错号。

③对多主题、多学科文献提供的主要分类号和互见分类号到位，以达到从多学科、多角度、多途径、多方面描述和揭示文献主题内容的目的。

④选用的主题标引是词表中与文献内容相对应、专指的主题标引；主题概念的提炼准确、全面，确定文献潜在的用途和隐含概念不遗漏；主题标引不过度，同主题、同学科文献的主题标引一致。

⑤校对后的错误率不超过2%。

（五）规范控制

1. 工作内容

中文图书依据《中国机读规范格式使用手册、中文图书名称规范数据款目著录规则、中文图书主题规范数据款目著录规则（合订本）》制作名称规范（个人、团体、会议、统一题名）与主题规范数据。对已建立名称规范记录的著作进行核实、考证，实现与书目数据的连接。

2. 质量规范

①严格执行相关名称规范款目著录规则和机读规范格式，名称规范数据和主题规范数据的形式应符合规范形式。

②书目数据与名称规范数据连接无误，书目记录（7××、6××、5××字段）中的标目与规范记录一致；新编制的名称规范记录符合要求。

③依据规范数据款目著录规则和机读规范格式，维护已有的名称规范及主题规范记录，及时补充相关信息，做到完整、不遗漏。

④书目数据和规范数据的主要检索点及数据的完整和一致。

⑤名称标目错误率不超过5%。

（六）规范控制审校

1. 工作内容

依据相关规则，要对已建立或者挂接名称进行规范记录和主题规范记录，以及对规范记录与书目记录的连接进行审核和修改。

2. 质量规范

①严格执行相关名称规范款目著录规则和机读规范格式，确保名称规范数据和主题规范数据的形式是规范形式，不重复。

②书目数据与名称规范数据连接无误，书目记录（7××、6××、5××字段）中

的标目与规范记录一致；新编制的名称规范记录符合要求。

③依据规范数据款目著录规则和机读规范格式，维护已有的名称规范记录，及时补充相关信息，做到完整、不遗漏，确保规范数据质量。

④书目数据和规范数据挂接准确，主要检索点及数据完整和一致。

⑤名称标目错误率不超过2%。

（七）数据总审

1. 工作内容

严格依据编目规则、著录格式、分类和主题标引规则，对书目数据（包括分类、主题标引、著录格式等项目）及书目的规范形式进行最终审核，对发现的错误总结分析，提请相关人员改正。

2. 质量规范

①严格按规定信息源选取各著录项目和著录单元。正确使用书目数据著录项目和著录单元完整、规范的标识符。责任者检索点均为规范记录。

②丛书、多卷书、合订书及无总题名文献的著录方式选择合理，著录方法正确；有检索意义的相关题名无遗漏或重复著录。

③记录头标中记录状态、执行代码、记录附加定义等各字符位的填写与文献类型和记录状态相符。

④100字段（通用处理数据）、101字段（著作语种）、105字段（专著编码数据）及115字段（录像资料等编码数据）、126字段（录音资料编码数据）、435字段（电子资源编码数据）中的重要数据元素选取正确，与相关字段间的对应关系无误。

⑤附注内容揭示准确到位、简明，无错漏字。

⑥内容提要的撰写内容简明扼要，无错漏字。

⑦分类标引符合标引规则，分类号提供准确、到位，不重号、错号。

⑧主题标引记录准确、无遗漏，达到全面描述和揭示文献主题内容的目的。

⑨对各环节发现的错误，及时通知校对、分编人员改正，确保书目数据分类号和主题标引准确、规范，著录项目完整和数据唯一。

⑩确保中文书目数据的质量。总校后的标引错误率不超过1%，书目数据综合错误率不超过2%（按条目）。

（八）数据库维护

1. 工作内容

根据在编文献的实际情况以及数据使用中各渠道的反馈信息，对已经建立的书目数据库以及名称规范和主题规范数据库中数据进行日常维护与改错，以保证数据库中数据的正确性、一致性与完善性。

2. 质量规范

①定期对书目数据库、名称规范库和主题规范库中的数据进行维护。

②能够及时准确地发现、判断并修改数据中的各种错误，做到改错及时、无遗漏；建立改错记录档案；把发现的问题反馈给相关工作人员。

③保证修改后的数据与源文献保持一致。

④做到修改后的数据单册信息、馆藏记录准确无误。

⑤与校对和总审校保持经常性交流，就有关业务规范和业务工作中发现的问题提出改进性意见和建议。

⑥确保书目数据质量。维护后书目数据的综合错误率不超过0.2%（按条目）。

⑦缩微中心数据库维护还包括以下四点。

缩微中心里所有书目数据的汇总、统计、备份和批处理，对缩微品书目数据的安全负责（国家图书馆计算机集成管理系统的数据除外）。

缩微中心和拍摄馆上缴的所有书目数据的格式转换，向计算机集成管理系统输送经转换校对后所有合格的缩微品书目记录，做到数据不积压。

进行缩微品书目数据的业务咨询和业务培训，指导本部门和各拍摄馆的缩微品书目数据制作工作。

根据缩微中心的工作任务，为各生产环节提供书目数据的技术支持，并为缩微品的推广使用提供书目数据的支持。

（九）编目工作统计

1. 工作内容

定期统计已编目文献的种、册总量，填写业务报表，报送业务主管部门。

2. 质量规范

统计工作按照《国家图书馆业务统计规范》执行，业务统计要实事求是，准确无误，字迹清晰，各统计项目填报齐全，适时进行有关业务的统计分析。

（十）编目工作管理

1. 工作内容

按有关业务规定，对编制的数据进行质量检查，该项任务由编目科组的负责人负责组织，并撰写质量检查报告，上报主管领导。

2. 质量规范

①根据《中国文献编目规则（第二版）》《新版中国机读目录格式使用手册》《中国图书馆分类法》《中国分类主题词表》《中国机读规范格式使用手册、中文图书名称规范数据款目著录规则、中文图书主题规范数据款目著录规则（合订本）》等有关规定及其修改条款，结合文献信息著录与标引领域的国际标准与国家标准进行编目各环节工作及质量检查，每月至少进行一次。

②著录错误率不超过2%，书目数据综合错误率不超过2%。

③编目、标引的错误率不超过1%。

④名称标目错误率不超过1%。

⑤每次检查的数据量至少应达到当月编制数据总量的5%。

（十一）文献交接

1. 工作内容

文献验收、分类、送交相关部门及文献管理。

2. 质量规范

①严格履行交接手续，从采访环节接收文献时，应依据交接清单进行清点，无误后，交接双方在交接清单上签字确认，交接清单所填项目应完整、清楚、准确。

②文献交接时，认真扫描条形码，不出现遗漏；交接工作不出现差错。

③在编文献在本工作环节不滞留、不损坏、不丢失。验收、编目完成后及时、准确地将文献分送至相关科组或阅览室。

二、中文文献加工

中文文献加工包括对中文普通图书、台港澳图书、学位论文及馆藏其他类型中文文献的馆藏加工制作。主要工作内容包括建馆藏记录、写书角号、打贴书标、夹磁条、分流、改错等。

（一）文献加工

1. 工作内容

按馆方规定在文献的相关部位书写索书号、打贴书标，核对书与数据是否相符、文献分流是否正确；创建馆藏记录。

2. 质量规范

①记录索书号前，确认文献与馆藏数据相符、无分流错误，发现错误及时改正或退回前一个工作环节改正。

②制作馆藏数据时不得空号和重号，同一藏书地点的同一种图书（含多卷）只能做一个馆藏记录，不出现重记录或重号，藏书地点标识准确，确保馆藏记录完整。书次号提供正确，单册信息准确、完整、无误。

③书标打印正确清晰，打印出的书标经与索书号记录核对后，方可粘贴，粘贴位置准确。

④将加工完成的图书按不同藏书地点分类后交给校对人员。

⑤每批专著类文献从加工到送库期限不超过5个工作日。其他文献执行馆方规定送阅览或送库期限。

⑥文献加工错误率不超过0.1%。

（二）夹磁条

1. 工作内容

对应加磁条的文献夹贴磁条。

2. 质量规范

①一般情况下每册图书加磁条1根，500页以上或尺寸小于64开图书加磁条2根。

②磁条夹放隐蔽，牢固。

③胶水涂抹均匀、不过多；文献上不得滴洒胶水。

（三）粘贴 RFID 芯片

1. 工作内容

根据馆方相关规定粘贴RFID芯片。

2. 质量规范

①熟练掌握RFID芯片数据转换的相关操作。

②要准确粘贴RFID芯片的位置。

③芯片和图书馆LOGO标签应粘贴平整，无皱褶和气泡。

④芯片不能覆盖主要文字和其他有用的标识。

⑤不能写入数据的芯片及带孔的芯片要求回收，切不可贴到图书（光盘）上。

⑥芯片粘贴位置的不合格率，以及数据写入错误率不超过0.1%。

（四）上架顺书

1. 工作内容

按馆方规定，将加工完毕的图书按规定顺序排列。

2. 质量规范

①按照不同的分流地点分别上架。

②根据不同分流地，按照索书号进行顺书。

③顺书及时准确，错误率不高于0.1%。

④顺书到送至下一个环节，每批书不超过5个工作日。

（五）文献交接

1. 工作内容

按馆方规定，接收或移交未加工或已加工完成的文献，并办理交接手续。

2. 质量要求

①编目科组接收文献，以及加工科组移送基藏书库和阅览、外借组时应履行严格手续，交接双方在图书馆统一制定的交接清单上签字确认。

②交接清单所填项目完整、清楚、准确。

③交接双方在场的情况下将所接收文献的单册处理状态置为接收环节的状态。扫条码处理单册状态认真，不遗漏。

（六）流程外图书改错

1. 工作内容

对已入库或送阅览室的文献中发现的与书不符的数据、重号或分流错误进行修改与重新加工。

2. 质量规范

①定期对已经入库但发现有问题的重号或数据与书不符的文献进行改错，不出现新的错误和造成新的重号。

②调回分流错误的文献重新进行分流及加工，改正数据单册信息分流错误及分流错误的文献，并及时返送回相关部门。

③发现因分流造成的保存本、基藏本缺藏的文献，及时将错分到其他藏书地点的文献补回保存本库和基藏库。

④及时处理所发现的错误，不得拖延。

（七）加工工作管理

1. 工作内容

由加工科组负责人负责组织对文献加工进行质量检查，撰写质量检查报告书，上报主管领导。

2. 质量规范

①遵照《国家图书馆业务工作监督考核办法》《国家图书馆业务流程中书刊文献管理暂行办法》等有关规定进行加工环节工作及质量检查。

②每月至少进行1次检查。

③书标、书角号、加磁条错误率不超过0.2%。

④书次号错误率不超过1%。

⑤每次检查的数据量至少应达到当月加工数据总量的5%。

（八）加工工作统计

1. 工作内容

定期统计已加工文献的种、册总量，填写业务报表，报送业务主管部门。

2. 质量规范

统计工作按照《国家图书馆业务统计规范》执行，业务统计要实事求是，准确无误，字迹清晰，各统计项目填报齐全，适时进行有关业务统计分析。

第二节 外文文献的编目及加工

一、外文文献编目

外文文献编目与数据库维护工作主要包括著录、标引、规范控制、数据库维护，以及文献交接、质量检查、工作量统计和工作管理等内容。

（一）著录、分类标引

1. 工作内容

（1）在文献记到的基础上，对需入藏的外文文献进行MARC 21格式书目数据编制，创建馆藏，连接单册记录。

（2）对文献进行分类标引，提供分类号、种次号或著者号，有条件的提供主题词。

2. 质量规范

①利用馆藏数据从不同检索点（题名、ISBN、著者、丛编等字段）进行查重，确定文献（新书、复本、续卷或不同版本）的不同处理方式。要求处理方式

科学合理，书目数据不重复。

②依据《资源描述与检索（RDA）》和《MARC 21书目数据格式》的相关规定，完成在编文献的内容与媒介类型项、题名与责任说明项、版本项、资料或资源类型特殊项、出版、生产、发行等项、载体形态项、丛编项、附注项、标准编号与获得方式项的著录工作。要求书目数据的著录项目齐全准确，无遗漏、无差错。

③外文编目依据《资源描述与检索（RDA）》和《西文文献著录条例（修订扩大版）》的相关规定选取检索点，并按照美国国会图书馆规范文档确立受控检索点的规范形式。要求检索点选取科学合理，检索点形式统一规范。其他外文文献编目参照执行。

④依据《中国图书馆分类法》类目的设置和使用规则对文献进行分类标引，要求分类号准确、专指。准确分配索书号，避免错号、重号、漏号，多卷书、多版次、内容相似的文献尽量保持索书号之间的相关性。

⑤外文编目依据《美国国会图书馆标题表（LCSH）》标引主题。套录编目保证主题与文献内容相符，主题词形式规范。原始编目尽量提供全面、准确、专指的主题词。

⑥馆藏记录无误，单册记录完整、规范，藏书地点标识准确。

⑦标引错误率不超过5%，书目数据综合错误率不超过5%。

（二）著录、分类标引校对

1. 工作内容

（1）对已完成分编的文献校对著录项目、检索点选取、检索点形式、馆藏记录、单册记录是否齐全、准确、规范、无误。

（2）审核文献的分类标引和主题标引是否准确、到位。

2. 质量规范

①所编文献与书目记录相符，遵循客观著录原则，不随意更改、颠倒顺序或遗漏各著录项目，机读书目数据格式正确。

②检索点选取科学、齐全、正确，检索点形式规范。

③根据分类规则和主题词表的相关规定，确保书目数据分类标引和主题标引准确、专指。

④确保文献的著者号或种次号正确，单册和馆藏数据的建立准确无误，书角号与索书号相符。

⑤索书号分配准确，无错号、重号、漏号，多卷书、多版次文献的索书号保

持相关性。

⑥对各环节发现的错误，及时指导分编人员改正，帮助分析原因，避免错误重复发生。

⑦校对后的标引错误率不超过2%，书目数据综合错误率不超过2%。

（三）数据总审校

1. 工作内容

严格按编目条例、机读格式、分类规则和主题标引规则，对书目数据（包括著录项目、检索点的选取和形式、分类标引、主题标引、馆藏和单册等项目）进行最终抽查校对。

2. 质量规范

①保证书目数据著录项目和著录单元完整、规范，标识符使用正确。所有受控检索点均为规范形式。

②丛书、多卷书、合订书及无总题名图书的著录方式选择合理，著录方法准确。

③分类标引符合标引规则。确保分类标引准确、到位，不重号、错号。

④主题标引记录准确、无遗漏，达到全面描述和揭示文献主题内容的目的。

⑤对各环节发现的错误，尤其是频繁发生的错误进行总结，分析原因并及时通知校对、分编人员改正，对业务难题提出有建设性的解决方案。

⑥确保外文书目数据的质量。总校后的标引错误率不超过1%，书目数据综合错误率不超过2%（按条目）。

（四）数据库维护

1. 工作内容

根据在编文献的实际情况以及数据使用中各渠道的反馈信息，对已经建立的书目数据库的数据进行日常维护与改错。

2. 质量规范

①及时发现、准确判断并修改数据中的各种错误，做到改错及时、无遗漏。建立改错记录档案；同时把发现的问题反馈给相关工作人员。

②修改后的数据与源文献保持一致；确保修改后的数据单册信息、馆藏记录准确无误。

③与校对和总审校经常交流，就有关业务工作规范问题提出改进性意见和建议。

④保证数据质量。维护后书目数据的综合错误率不超过0.2%。

（五）规范控制

1. 工作内容

研究与外文规范控制相关的业务问题，进行书目数据库的标目维护工作。

2. 质量规范

①确保本地外文数据库中数据的标目形式与对外引进的外部规范数据库的规范记录形式一致。

②由规范记录发生变更而产生的书目记录标目维护工作。

③辅导编目人员做好名称规范和主题规范工作，对规范控制中出现的问题及时总结，提醒编目和校对人员注意，确保书目数据标目和规范标目的一致性。

（六）编目工作统计

1. 工作内容

定期统计编目、加工的不同类型及不同文种文献的种、册总量，填写业务报表，报送业务主管部门。

2. 质量规范

统计工作按照《国家图书馆业务统计规范》执行，业务统计要实事求是，准确无误，字迹清晰，统计项目填报齐全，适时进行有关业务统计分析。

（七）编目工作管理

1. 工作内容

按有关业务规定，对编制的数据进行质量检查，该任务由编目科组的负责人负责组织，并撰写质量检查报告书，上报主管领导。

2. 质量规范

①根据现行编目条例、格式标准、分类和主题规则的有关规定进行编目各环节工作及质量检查，汇总各类问题，并按要求撰写质量检查报告，每月至少进行1次。

②著录错误率不超过2%，书目数据综合错误率不超过2%。

③编目、标引错误率不超过1%。

④每次检查的数据量至少应达到当月编制数据总量的5%。

二、外文文献加工

1. 工作内容

接收待加工文献，打、贴书标，夹磁条，粘贴RFID芯片，加工完成的文献移交阅览室或书库并办理交接手续。

2. 质量规范

①编目科组接收文献，以及加工科组移送基藏书库和阅览室时应严格履行手续，交接双方在图书馆统一制定的交接清单上签字确认。

②对新送编的文献进行核数、条形码扫描验收、改变单册状态等环节工作；验收中发现条形码与文献不符时，及时反馈并退回前一工作环节改正；确保文献与数据一致。

③打印书标，将打印出的书标与索书号核对无误后，方可粘贴。

④按要求将书标贴在距书底端2.5厘米处的书脊上，书标要贴牢，错误率不超过0.2%。

⑤磁条应夹贴牢固，不粘书页、不外露、不遗漏，错误率不超过0.2%。

⑥根据馆里相关规定粘贴RFID芯片，粘贴位置准确。

⑦加工完成的文献在本工作环节不滞留、不损坏、不丢失。

⑧将加工完成的图书按类别排列，经核对后及时、准确分送至阅览室或库房。

第三节 古籍与特藏文献的编目

善本古籍、普通古籍、新善本、名家手稿、精装精印、古籍缩微胶卷、少数民族语文文献、敦煌资料、金石拓片、舆图、照片和古旧年画等类文献的编目、数据库维护等工作。工作环节包括数据制作、分编、校对、数据库维护、打印或书写书签、打印卡片及排片等。

一、古籍与特藏文献著录、分类标引及主题标引

1. 工作内容

①依据《编目规则》《机读目录格式》和普通古籍MARC数据制作规定等相关规定编制MARC格式机读书目数据。创建馆藏，连接单册记录。

②依据《中国图书馆分类法》或四部分类法等，对馆藏善本古籍、普通古籍等各类文献进行分类标引，提供分类号、种次号或著者号；依据《中国分类主题词表》对文献进行主题标引。

2. 质量规范

①分编前，在系统内对各种不同类型的文献资料进行查重，凡与原藏文献资

料的题名、责任者、出版者、出版年等项目完全相同的文献作为复本处理（善本古籍除外），并添加单册记录。

②依据最新版《中国文献编目规则》和《中国机读目录格式使用手册》，结合《汉语文古籍机读目录格式使用手册》《测绘制图资料机读目录格式使用手册》《中文拓片机读目录格式使用手册》等相关规定完成在编文献题名与责任说明项、版本项、出版发行项、载体形态项、丛编项、附注项、标准编号（或代替号）与获得方式项的著录工作。完成CNMARC记录头标区与编码信息块的著录工作。

③从卷端、尾题、目录、凡例、序、跋、版心、内封面、原印书签、牌记等信息源选取文献的正题名。如从其他参考书目中选取，应在附注项加以说明。

④如有必要，纂修年、语种、地区等信息可著录于正题名之后，并置于方括号内。古籍书名项的著录除书名外（书名中所含数字应采用汉字形式表示），应包括卷数（卷数是检查书籍全、缺、版本异同的重要根据）。

⑤责任者说明项须在著者姓名前注明著者的朝代，并用圆括号括起，依信息源照录。历代帝王的作品，应选取其本名及其庙号进行著录。外国人著的书，应将其国别著在（国别加括号）著者姓名前。经常使用的著作方式包括撰（著）、编、辑、注、修、纂、敕编等。

⑥根据文献的不同版本类别，将文献的稿本、写本、抄本、刻本、翻刻、重刻、活字本（木、铜、泥）、摹拓本、石印、铅印、影印、珂罗版印本、钤印本等著录在版本项。

⑦将文献的卷、册（函）数、图、书型（除线装外的特殊装帧形式：蝴蝶装、包背装、毛装、卷轴装）、附件（数量）等著录在载体形态项。

⑧正确填写各著录项目和著录单元，严格执行相关著录规则和著录格式使用手册的规定，确保著录的每条书目数据项目齐全，著录格式准确，字段标识符、指示符、子字段代码、数据内容、标点符号等正确，著录项目无遗漏、无差错。使用规范的繁体汉字著录。

⑨依据《中国图书馆分类法》、四部分类法（要求分类到三级）、《中文普通线装书分类表》等分类，以文献内容的科学属性为主要标准，以地区、国家、民族、时代、形式等特征为辅助标准进行分类标引，提供分类号、种次号或著者号。

⑩同类同内容文献类号一致，文献的分类标引准确、到位，仿分、复分及类号组合合理，无错号、重号、漏号。书名中及书名后的卷册、种数等应用汉字数码著录，其他项目中的数字用阿拉伯数字著录。

⑪新善本、精装精印等文献，严格按《中国分类主题词表》《汉语主题词

表》规则标引主题；选用主题词表中与文献内容主题相对应、最专指的主题词做主题标引。

⑫对在著录字段中不能描述但又应予以说明的各种解释性文字均在附注项进行补充说明。

⑬对需配置卡片目录的文献做到编目卡片及数据著录项目齐全，提要备考基本规范，错误率不超过8%。

⑭书签打印或书写清晰、准确无误。

⑮卡片打印清晰，排片准确，各套目录完整，错误率不超过0.1%。

⑯保证古籍安全，按期移交编竣古籍，做到手续清楚、环节畅通，保证新到各类文献编目工作没有积压。

二、古籍与特藏文献著录、分类标引及主题标引校对

1. 工作内容

严格依据编目规则、著录格式、分类标引和主题标引规则，对书目数据（包括分类标引、主题标引、著录格式等项目）及书目的规范形式进行校对审核，对发现的错误总结分析，提请相关人员改正。

2. 质量规范

①依据《机读目录格式》的要求，按规定信息源选取各著录项目和著录单元，遵循客观著录原则，不随意简化、更改、颠倒顺序或遗漏各著录项目；书目数据中标识符、指示符、子字段代码、数据内容等无差错，确保数据的完整和唯一。

②检索字段规范，检索点选取齐全；分类及主题标引准确、专指；同类同内容文献标引一致，无差错；单册和馆藏数据的建立准确无误。

③分类标引时，应分入下位类、需要进行仿分或复分的文献，不应随意分入上位类和不进行仿分和复分。仿分、复分及类号组合合理。

④提供的分类号、仿分、复分或需作互见的分类号准确、到位；分类号书写形式规范；确保分类标引不重号、错号。

⑤对多主题、多学科文献提供的主要分类号和互见分类号到位，以达到从多学科、多角度、多途径、多方面描述和揭示文献主题内容的目的。

⑥选用的主题标引是词表中与文献内容相对应、最专指的主题标引；主题概念的提炼准确、全面，确定文献潜在的用途和隐含概念不遗漏；主题标引不过度，同主题、同学科文献的主题标引相一致。

⑦内容提要的内容揭示准确到位、简明，无错漏字。

⑧标引错误率不超过2%，书目数据综合错误率不超过2%。

三、数据库维护

1. 工作内容

根据在编文献的实际情况及数据使用中各渠道的反馈信息，对所做的书目数据进行日常维护与改错，以保证数据库中数据的正确性、一致性与完善性。

2. 质量规范

①定期对书目数据进行维护。

②能够及时准确地发现、判断并修改数据中的各种错误，做到改错及时，无遗漏；建立改错记录档案；同时把发现的问题反馈给相关工作人员。

③保证修改后的数据与实际文献保持一致。

④做到修改后的数据单册信息、馆藏记录准确无误。

⑤确保书目数据质量。维护后书目数据的综合错误率不超过1%（按条目）。

四、编目工作统计

1. 工作内容

定期统计经处理、加工各种文献的种、册总量，填写业务报表，报送业务主管部门。

2. 质量规范

统计工作按照《国家图书馆业务统计规范》执行，业务统计实事求是，准确无误，字迹清晰，各统计项目填报齐全，适时进行有关业务统计分析。

五、编目工作管理

1. 工作内容

按有关业务规定，对编制的数据进行质量检查，该项任务由编目科组的负责人负责组织，并撰写质量检查报告书，上报主管领导。

2. 质量规范

①根据《国际标准书目著录（专著）》《中国文献编目规则》《新版中国机读目录格式使用手册》《中国图书馆分类法》、四部分类法、《中文普通线装书分类表》《中国分类主题词表》及《汉语主题词表》《中国分类主题词表》标引手册、《WH/T15-2002中国机读规范格式》《中国机读规范格式使用手册、中

文图书名称规范数据款目著录规则、中文图书主题规范数据款目著录规则（合订本）》等有关规定进行编目各环节工作及质量检查，每月至少进行1次。

②著录错误率不超过2%，书目数据综合错误率不超过2%。

③编目、标引的错误率不超过1%。

④名称标目错误率不超过1%。

⑤每次检查的数据量至少应达到当月编制数据总量的5%。

第四节　信息类资源的编目

上一章介绍了信息类资源采选的工作内容和质量规范，关于信息类资源的编目，本节结合具体的类型、特点及例子、规则进行了详细说明。

一、电子出版物编目

随着计算机技术与信息技术的发展，尤其是网络技术的快速发展，从20世纪80年代开始，电子资源突飞猛进地增长，并日益多样化、复杂化。电子资源的产生与发展，拓展了信息资源的范围，也使文献信息从内容到形式都发生了巨大的变化，电子资源编目已经成为当前编目机构亟待开展的重要工作。因其编目规则十分复杂，下面举例来进一步说明。

（一）电子资源的类型

电子资源的类型有多种划分法，从编目的角度看，主要有下列划分方法及类型。

1. 按信息内容特点划分

①电子数据，如电子字形数据、电子图像数据、电子数值数据、电子音频数据、电子表示数据、电子文本数据。这些数据有的还可以进一步划分，如电子文本数据又可细分为电子书目数据、电子文献数据、电子杂志、电子新闻通讯。

②电子程序，如电子应用程序、电子系统程序、电子实用程序。这些程序有的也可以进一步划分，如电子应用程序又可细分为数据库程序、电子文字处理程序，电子系统程序又可细分为检索程序、电子操作系统程序。

③电子数据与程序结合，如电子图像数据和检索程序、电子文献和字处理程序、电子交互式多媒体游戏、电子联机服务（如通报板、讨论组／表、万维网网站）、电子交互式多媒体。

2. 按存取特点划分

①直接存取的电子资源。直接存取（Direct Access）方式也称本地访问，所存取的电子资源具有可触及的物理载体（如光盘、磁盘、磁带），检索利用时要将这些载体插入计算机或其外部设备。

②远程存取的电子资源。远程存取（Remote Access）方式也称远程（网络）访问，所存取的电子资源则没有可触及的物理载体，检索利用时通过输入和输出设备（如终端机）与计算机系统（如网上资源）连接，或是与存储于硬盘或其他存储设备中的资源连接。

（二）电子资源的特征

电子资源与传统的印刷型文献相比，在内容的表现形式、载体形态等方面都有较大的差异。其特点主要表现为以下五点。

1. 增长迅速，存储容量大

电子资源增长迅速、数量巨大。据统计，在2021年7月收到网站的反馈数约为12.16亿个站点，其中活跃站点约为2.83亿个站点。有独立域名的大约有2.62亿个。根据中国互联网络信息中心发布的"中国互联网络发展状况统计报告"，截至2020年12月，我国网民规模达9.89亿，手机网民规模达9.86亿，互联网普及率达70.4%。电子资源还具有信息存储容量大、体积小的特点，便于携带、保管与长期使用。

2. 类型复杂，载体各异

电子资源的类型与载体特征要比传统文献复杂得多。除前面所述的类型外，电子资源还有多种分类方法。电子资源的载体形式也是五花八门的，如盒式单卷轴磁带、盒式芯片、盒式计算机光盘、盒式磁带、卷盘式磁带、磁盘、磁光盘、光盘、联机系统。其中有些载体还可做进一步的区分，如光盘又可细分为交互式光盘（CD-I）、只读存储光盘（CD-ROM）、图像光盘（Photo CD）。形式各异的载体就具有复杂多样的形态细节，如声音、颜色、记录密度、扇区数、扇区密度、磁道数等物理特征，以及规格不一的数量、尺寸等。

3. 内容丰富，形式新颖

电子资源的内容包罗万象，既有各个学科及其专业信息，也有各种生活服务、娱乐消遣等信息，覆盖了不同领域、不同地域、不同语言的信息资源。在形式上，电子资源包括文本、图像、声音、动画、软件、数据库等，是多媒体、多语种、多类型信息的混合体。

4.版本多样，更新频繁

电子资源制作高效、出版迅速、发订速度快，其版本情况也更为繁杂。当电子资源发生增删修改、程序语言不同、修订升级、资源的效率改善等变化时，都表现为新的版本。因此，电子资源不仅具有与传统文献相同的版本概念，还有许多与之不同的版本概念，如更新版（Update）、等级版（Level）、B版、测试版、全文检索版、微机网络版。此外，电子资源时效性强、更新速度快，如远程存取的电子资源经常更新时，其版本情况更是变化莫测。

5.检索便捷，设施必备

电子资源传播速度快，检索查询方便迅速。网络信息呈全球化分布结构，各种信息的组织以超文本、超媒体技术链接，有利于全球信息资源共享。电子资源图、文、声、形并茂，信息内容更加生动直观，传播方式具有多样性、交互性。利用互联网络，人们不仅可以迅速地检索到自己所需的信息，还可以主动地发布信息和与他人交流信息。但是，各种电子资源的利用，必须具备特定的条件与相应的设备，如对计算机、终端、网络都有具体的要求。因此，在检索与利用之前，除要了解电子资源内容特征外，还要了解计算机的名称与型号、内存数量、操作系统、软件、外部设备等系统要求。远程访问电子资源，还要了解其访问方式、访问途径、访问时间等信息。

（三）电子资源的著录特点

随着电子资源的发展，与之相适应的编目规则也在不断地发展。20世纪70年代，电子资源数量还不多，通常与声像资料一起被纳入非书资料范围。但《国际标准书目著录（非书资料）》1977年第1版中就包括了电子资源的著录规则。从20世纪80年代初开始，电子资源单独编目的需求日益迫切。IFLA的专门组织——ISBD修订委员会不断编写出相应的著录规则，1990年推出《国际标准书目著录（计算机文档）》，1997年又推出《国际标准书目著录（电子资源）》。1988年修订版就增设了"机读数据"（Machine Readable Data）一章，1998年修订版改为"计算机文件"（Computer Files），2002年修订版又改为"电子资源"（Electronic Resources）。与其他国家一样，我国也顺应国际编目发展趋势，更新了电子资源的编目规则。如《西文文献著录条例》（修订扩大版）的第5章、《中国文献编目规则》（第2版）的第13章都专门论述了电子资源的著录规则。随着著录规则的发展，机读目录格式也纷纷做了调整，如CNMARC、MARC 21都增加了相应的处理方法，以适应电子资源编目的发展。

著录电子资源时，主要采用专门的著录规则或"电子资源"专章。但对于涉及多种资料特征的电子资源，也应考虑结合使用相关的文献信息著录规则。如著录连续刊行的测绘制图电子资源，还应使用连续性资源、测绘制图资料著录规则。

1. 著录信息源

电子资源著录的主要信息源是电子资源本身。著录信息主要取自电子资源内正式出现的信息，如题名屏幕（Title Screen）、主菜单（Main Menus）、程序说明（Program Statement）、主页（Home Page）、包含"主题"行的文件头标（File Head）、编码的元数据（Encoded Metadata）、TEI头标等处的信息，包括经过解压缩、打印或其他处理的信息。上述信息源中所反映的信息完整程度不同时，应首先选用信息更完整的信息源。

2. 描述著录

电子资源的著录特点主要表现在以下四个方面。

（1）题名与责任说明项。

①题名。正题名是电子资源的主要题名，具有多种不同的形式。它可以包括一般通用术语、责任者名称、缩写词、数字、字母等。各种题名的著录与普通图书基本相同。

例：中文PowerPoint2002速成教程[电子资源]

【机】200 1# $a中文PowerPoint2002速成教程$b电子资源

②一般文献类型标识（General Material Designation，GMD）。该项目为选择项目。若选择使用此项目，在正题名之后著录"[电子资源]"（中编），或"[Electronic resource]"（西编）。

③责任说明。电子资源的责任说明包括作家、程序员、主要研究员、画家、作曲家、漫画家等责任者。著录中应充分反映资源的直接责任者，如软件作者、编者、译者、作曲者，也要反映资源的间接责任者，如作品的原著者。

例1：植物私生活. 第一辑，游历 [电子资源] / （英）大卫·艾登堡禄（David Attenborouch）讲解；英国广播公司制作

【机】200 1# $a植物私生活$h第一辑$i游历$b电子资源$f（英）大卫·艾登堡禄（David Atten—borouch）讲解$g英国广播公司制作

例2：Amazing universe CD-ROM[Electronic resource] / pro-duced by Hopkins Technology

（2）版本项。

①电子资源的版本说明包括以版次信息与"版"（Edition）字相结合的术语，或是"Version（版次）""Level（等级）""Release（发行）""Update（更新）"等版本术语与文字版本信息。

例：. --Windows 95版

【机】205 ## $aWindows 95版

②电子资源的版本变化，一般涉及内部信息源知识内容的变化，如内容增删、程序设计语言改变、系统功能与资源效率的改善和升级。若仅有物理载体、分块记录密度的变化，则不构成新版本。若电子资源适用的操作系统或软件平台不同，则应视为不同版本。

例：全唐诗［电子资源］/青苹果数据中心制作. --全文检索版

【机】2001#$a全唐诗$b电子资源$f青苹果数据中心制作

　　　205 ## $a全文检索版

③对于经常更新的远程存取的电子资源，在该项省略版本说明，其有关信息著录于附注项。

（3）资源类型与数量项。

资源类型和数量项是电子资源著录比普通图书多出的一个项目。它描述电子资源的基本资源特征，包括资源类型标识与资源数量信息。

CNMARC格式与ISBD（ER）的资源类型和数量项相对应的字段，是230资料特定细节项：电子资源特征。该字段为必备字段。当一个记录描述多个电子资源的文件特征时，该字段可重复。其指示符未定义。该字段仅有一个子字段，即$a文件标识和范围。

①资源类型标识。资源类型标识是编目机构表述特定资源类型的术语，如"电子数据""电子程序"。在ISBD（ER）等中有这些标识的专表，作为著录规则的附录，供著录时参考使用。著录这些标识，可以依据规定信息源；若规定信息源上没有这些标识，则应视著作内容予以提供，著录时不加方括号。

例1：. --电子数据

【机】230 ## Sa电子数据

例2：. -- Electronic data and program

②资源数量（选用）。资源的数量信息能够获得时，可著录该项；资源若为压缩形式，则可以省略该项。如果资源数量是构成数据或程序内容的文件数，应注明相应的计量单位。资源数量著录在资源标识之后，并置于圆括号中。

a.以数据或程序为内容的文件数，用阿拉伯数字著录。

例：. --电子文本数据（3个文件）和检索程序（6个文件）

【机】230 ## $a电子文本数据（3个文件）和检索程序（6个文件）

b.数据资源可著录记录数和／或字节数，程序资源可著录语句数和／或字节数。当提供文件数时，应在进一步的数量说明前冠以冒号。字节数可按信息源中的形式著录，如"兆字节"（Mega-bytes）、"MB"。多部分资源应分别著录每一部分的此类信息，但数量很多或太复杂时，著录于附注项。

例1：. --电子系统程序（1个文件：997个语句）

【机】230 ## $a电子系统程序（1个文件：997个语句）

例2：. --电子数据（2个文件：800，1 250个记录，2 Mb字节）

【机】230 ## $a电子数据（2个文件：800，1 250个记录，2 Mb字节）

（多部分资源分别著录每部分的记录数）

例3：. --Electronic text data（2files：1. 6megabytes）

（4）附注项。

电子资源的附注项比普通图书的重要。其常见的附注有下列内容。

①正题名来源附注。电子资源编目时，在任何情况下，都必须著录正题名的来源。在CNMARC格式中，"304题名与责任说明附注"字段著录电子资源的题名出处。它是电子资源的必备字段，可重复。其指示符未定义。该字段仅有1个子字段，即$a附注内容。

例1：题名取自盘面标签，责任者名称及责任方式取自盘盒

【机】304 ## $a题名取自盘面标签，责任者名称及责任方式取自盘盒

例2：. --Title from Web page（viewed Aug.8，2002）

②电子资源类型附注。在CNMARC格式中，"336电子资源类型附注"字段著录电子资源类型的信息特征附注。除一般性描述（如文本、程序、数字）外，还可包括更专指的信息，如文本资料的文献类型——书目、字典、索引。该字段选择使用，可重复。其指示符未定义。其子字段与304相同。

例：数字型（统计资料）

【机】336 ## $a数字型（统计资料）

③系统要求附注。直接存取的电子资源必须著录此项，说明资源使用时的系统要求。著录时，要冠以前导词"系统要求："或"System requirements："，其后描述机器的名称、型号、内存数量、操作系统名称、软件要求、外部设备、硬件（内部）附件等说明。在CNMARC格式中，"337系统需求附注"字段著录电子资源技术细节信息以及远程检索文献的检索模式。该字段选择使用，可重复。其指示符未定义。其子字段与304相同。

例：系统要求：IBM-PC，64K，彩色，1个磁盘驱动器，彩显

【机】337 ## $a系统要求：IBM-PC，64K，彩色，1个磁盘驱动器，彩显

④访问方式附注。远程存取的电子资源必须在此项说明其访问方法。著录时，其前冠导词"访问方式："或"Mode of access："。著录此项附注信息，除337字段外，还应采用CNMARC格式中的"856电子资源地址与检索"字段。856字段著录电子资源的获取信息，包括可获取资源的电子地址和通过指示符1的值所

定义的资源的检索方法。该字段选择使用，可重复。如果337字段不出现在记录中，该字段必备。

指示符1：检索方法指示符。

#未提供信息	3拨号入网（Dial-up）
0电子邮件（Email）	4超文本传输协议（HTTP）
1文件传输协议（FTP）	7在$y子字段说明检索方法
2远程登录（Telnet）	

指示符2未定义。

该字段定义了26个子字段，如：

$a主机名称	$u统一资源标识
$e咨询与检索的日期与时间	$y检索方法

例：访问方式：World Wide Web．URL：http：//www．tin．org

【机】337 ## $a访问方式：World Wide Web．

856 4# $u http：//www．americaslibrary．gov$2 http

二、音像资料编目

（一）录音资料的著录

1.一般文献类型标识项

录音资料的一般类型标识是"录音制品"，著录于正题名后方括号"［　］"内。

例1：GRE词汇科学记忆［录音制品］：1-7 / 成才主编；

（美）Lester Ness朗读

【机】200 1# $aGRE词汇科学记忆$b录音制品$el-7$f成才主编$g（美）Lester Ness朗读

例2：The wonder of the age[sound recording]：Mister Edison′s

new talking phonograph / compiled and produced by Kevin Daly

2.责任说明项

录音资料的责任说明范围包括作品的直接作者及其责任方式、作品的间接作者及其责任方式、作品的收集者及其责任方式、作品的改编者及其责任方式、作品的表演者及其责任方式、作品的表演团体及其责任方式、演出导演及其责任方式、录音资料的编制者及其责任方式等。有多种责任说明，一般按规定信息源的排版格式或序列著录四种。

例：民乐小合奏／郑志平二胡独奏；曾世伟奏笛；刘新生奏琵琶；蒋如常指挥

【机】200 1# $a民乐小合奏$f郑志平二胡独奏$g曾世伟奏笛$g刘新生奏琵琶$g蒋如常指挥

3. 载体形态项

该项著录录音资料的载体形态。

（1）数量及特定文献类型标识。

录音带的数量著录载体的盒（盘）数，唱片的数量著录载体的张数，一般不使用量词。以阿拉伯数字著录于特定文献类型标识之前。特定文献类型标识是指录音制品的具体名称，如循环录音带（Sound Cartridge）、盒式录音带（Sound Cassette）、开盘录音带（Sound Reel）、唱片（Sound Disc）。在特定文献类型标识不足以识别录音资料时，必须在其后的圆括号内"（　）"著录其商标名称或其他技术标志，如唱片（CD）。

以定时播放为特征的录音资料，除著录其数量与特定文献类型标识外，还需在其后的圆括号"（　）"内著录实际播放的总时间，中、外文录音资料著录时间均采用国际计量单位，其中，小时用"h"、分用"min"、秒用"s"表示。

例1：1唱片（CD）（50 min）

【机】215 ## $al唱片（CD）（50 min）

例2：3 sound cassettes（40 min each）

（2）其他形态细节。

其他形态细节是载体形态项的第二个著录单元，依次著录录音资料的材料、幅式、色彩、配声及其他技术特征。第一形态细节前用冒号"："标识，各后续形态细节前用逗号"，"标识。著录对设备选用有重要意义的录音制品的物质材料，如以"Metal"标识金属磁带。

其他技术特征主要指录音资料的速度、录制方法、磁迹、声道、降噪或补充说明等。一般只著录录音资料的速度与声道数。中文编目中，录音带的速度指其每秒钟传送的长度，用"cm／s"为单位，外文编目中录音带以"ips"（英寸／秒）著录其速度。唱片的速度指分钟旋转的转数，用"r／min"（转／分钟，外文编目中用"rpm"）和"m／s"（数字式唱片，米／秒）为单位。声道数以"单声道"（mono）、"立体声"（stereo）和"四声道"（quad）著录。

例1：1开盘录音带（60 min）：76 cm/s，立体声

【机】215 ## $a1开盘录音带（60 min）$c76 cm/s，立体声

例2：1 sound disc（56 min）：78 rpm，stereo

（3）尺寸。

录音资料的尺寸其前用分号"；"。中文编目以"cm"为单位，对于以圆形载体为特征的唱片和开盘录音带，著录其载体的直径尺寸，并在其后的圆括号"（　）"内加注"直径"字样，标准的开盘录音带（直径尺寸为6.3 cm）的尺寸可不著录；对于非标准唱片，著录其播放部分的尺寸；盒式录音带（标准为3.8 cm）、循环录音带，著录其磁带的宽度尺寸。外文编目中以"英寸"（in.）著录盒式磁带的外形尺寸（长×宽）和磁带宽度、开盘磁带的直径和磁带的宽度以及唱片的直径。若盒式磁带的外形尺寸和磁带宽度、开盘磁带的宽度若属标准规格可不予著录。

例：1唱片（11 min）：45 r/min，单声道；17.5 cm（直径）

【机】215 ## $a1唱片（11 rain）$c45 r/min，单声道$d 17.5 cm（直径）

（4）检索点的选择与著录。

录音资料检索点的选取与著录与普通图书相同，可选择题名、作品的直接作者、主要表演者等其他责任者、分类号和主题词作为检索点。当责任者有4个或4个以上时，选择第一个责任者为检索点。在CNMARC中，除正题名之外，检索点还启用"5--相关题名块""6--主题分析块""7--知识责任块"。外文录音资料的选取作品的主要责任者为主要款目标目，表演者与题名为附加款目标目。

（二）影像资料的著录

1. 一般文献类型标识项

影像资料中，录像带和视盘的一般文献类型标识是"录像制品"，电影片的一般文献类型标识是"电影制品"。

例：走近交响乐［录像制品］/王蕾编导

【机】200 1# $a走近交响乐$b录像制品$f王蕾编导

2. 责任说明项

影像资料的责任说明范围包括作品的直接作者及其责任方式、作品的间接作者及其责任方式、作品的收集者及其责任方式、作品的改编者及其责任方式、作品的表演者及其责任方式、作品的表演团体及其责任方式、演出导演及其责任方式、影像资料的编制者及其责任方式等。若有多种责任说明，一般按规定信息源的排版格式或序列著录有四种。

例：英雄/张艺谋导演；李连杰，梁朝伟，张曼玉主演

【机】200 1# $a英雄$f张艺谋导演$g李连杰，梁朝伟，张曼玉主演

3. 载体形态项

（1）数量及特定文献类型标识。

数量与特定文献类型标识是载体形态项著录的第一个单元，依次著录载体的数量、类别名称及进一步说明。对于录像带和电影片的数量，著录载体的盒（盘）数，视盘的数量著录载体的张数。载体数量用阿拉伯数字著录于特定文献类型标识之前，一般不使用量词。特定文献类型标识是指影像资料的具体名称，如录像制品有循环录像带（Video Cartridge）、盒式录像带（Video Cassette）、开盘录像带（Video Reel）、视盘（Video Disc）。电影制品有盒式循环电影片（Film Cartridge）、盒式电影片（Film Cassette）、开盘电影片（Film Reel）、环式电影片（Film Loop）。在特定文献类型标识不足以识别影像资料时，必须在其后的圆括号内"（　）"著录其商标名称或其他技术标志，常见的技术标志有录像带有U-matic，VHS等，视盘有LD，VHD，制式有PAL，NTSC，SECAM。

以定时播放为特征的录音资料，除著录其数量与特定文献类型标识外，还需在其后的圆括号"（　）"内著录实际播放的总时间，中、外文录音资料著录时间时均采用国际计量单位，其中，小时用"h"、分用"min"、秒用"s"表示。

例：2视盘（LD）（45 min，32 min）

【机】215 ## $a2视盘（LD）（45 min，32 min）

（2）其他形态细节。

其他形态细节是载体形态项的第二个著录单元，依次著录影像资料的材料、色彩、配声及其他技术特征。第一形态细节前用冒号"："，各后续形态细节前用逗号"，"标识。对设备选用有重要意义的录音制品的物质材料应予以著录，如以"Metal"标识录像制品。易燃电影制品的片基如实著录，如硝酸纤维片基。

以视频为主要特征的影像资料必须著录色彩。色彩分两种：彩色（外文编目中用"col."）和黑白（外文编目用"b&w"），影像资料的配声分为有声（外文编目用"sd."）和无声（外文编目用"si."）两种，对于无声影像资料必须著录"无声"。外文编目中将配声著录在色彩之前。

例：1盒式录像带（VHS）（120 min）：黑白，无声

【机】215 ## $a 1盒式录像带（VHS）（120 min）$c黑白，无声

其他技术特征主要指影像资料的速度、录制方法、磁迹数、声道数、降噪或补偿说明等。一般只著录影像资料的速度与声道数。中文编目中，电影制品的速度（又称放映频率）、录音电影胶片在每秒钟单位时间内通过放映机的画幅数，用"格／秒"标识。外文编目中录音带以"fps"（幅／秒）著录其速度。对于以立体声方式录制的影像资料必须著录"立体声"。

例：6开盘电影片（60 min）：彩色，18格／秒

【机】215 ## $a6开盘电影片（60 min）$c彩色，18格／秒

（3）尺寸。

不同载体形态和载体方式的影像资料的尺寸著录方式不同。录像制品尺寸的著录方式有3种。

①对于以圆形载体为特征的开盘录像带和视盘，著录其载体的直径尺寸，并在其后的圆括号"（　）"内加注"直径"字样。以厘米（cm）为计量单位。

例：1视盘（LD，NTSC3．58，薄型）（14 min）：彩色，立体声；20 cm（直径）

【机】215 ## $a 1视盘（LD，NTSC3．58，薄型）（14 min）$12彩色，立体声$d20 cm（直径）

②对于循环录像带、盒式录像带，著录其磁带的宽度。

③对于电影制品的尺寸，著录其电影胶片的宽度，计量单位为毫米（mm）。

例：10开盘电影片（75 min）：彩色；16 mm

【机】215 ## $a 10开盘电影片（75 rain）$c彩色$d16 mm

外文编目用"in．"分别著录录像带的宽度和录像盘的直径，

例：1 film reel（12rain）：sd．，b&w；．16 mm

（4）检索点的选择与著录。影像资料检索点的选取与著录与普通图书相同，可选择片名、导演、主要演出者等其他责任者、分类号和主题词作为检索点。在CNMARC中，除正题名之外，检索点还启用"5--相关题名块""6--主题分析块""7--知识责任块"。外文影像资料的一般选取片名作主要款目标目，为制片人、导演及主要演出者作附加款目标目。

第五章 图书馆采编与公共文化服务融合的现状及障碍分析

构建公共文化服务体系是繁荣发展社会主义先进文化、构建社会主义和谐社会的必然要求，是实现好、维护好、发展好人民群众基本文化权益的主要途径，对促进人的全面发展、提高全民族的思想道德和科学文化素质、建设富强民主文明和谐社会主义现代化国家具有重大意义。图书馆作为重要的公共文化基础设施和公益性文化服务机构，按照管理体制的不同，同时结合目标、功能、用户群体等要素，可以划分为国家图书馆、公共图书馆、高等学校图书馆、科学与专业图书馆、学校图书馆、工会图书馆、军队图书馆等多种类型。而在当下，随着社会的加快发展，图书馆面临着严重的挑战。如何在新时期更好地发挥作用，提供更好的服务是图书馆目前急求解决的问题。基于此，本章主要从图书馆采编与公共文化服务融合的模式分类、图书馆采编与公共文化服务的联盟模式、图书馆参与社区文化服务的模式、图书馆采编与公共文化服务融合所面临的障碍这四节内容，结合高校图书馆、社区图书馆等具体的事例，对融合的现状及障碍进行深入研究。

第一节 图书馆采编与公共文化服务融合的模式分类

图书馆有组织成规模地开展社会公共文化服务已有100多年的历史，国内外各类图书馆在参与社会公共文化服务的实践中根据各自条件和特点，做出了各方面的探索，积累了丰富的经验。就图书馆采编与公共文化服务融合的模式来说，也有多种运作模式，不同模式有着不同的特点。

一、独立开放服务模式

在现代图书馆参与公共文化服务的实践中，有许多图书馆根据自身资源特点和地理条件，以独立机构身份直接与读者建立服务关系，我们把这种服务模式叫独立开放模式。独立开放模式的图书馆不论是出于自身发展需要还是政府行政要求，只要是有组织、有制度、有一定规模地对社会提供了常规性的文化服务项目，都应该属于参与公共文化服务的活动。独立开放模式中，图书馆可根据自身资源特点，选取相应的小众受体开展针对性较强的信息服务，如医学类图书馆可以通过开展采编业务为本地区医务工作者提供开放借阅，农学类图书馆可以通过采编向周边农村提供技术信息服务。

图书馆独立对外开放的对象，一般是本地区内的社会群体，包括学生群体和附近的社区居民等。服务形式灵活多样，包括馆藏目录查询、书刊馆内借阅和书刊外借、电子文献传递、参考咨询等。图书馆为人群服务一般采取根据用户分类办理单独的借阅证，并规定入馆时间、借阅权限等，进行分流管理，以便在不影响各类读者权益的前提下更好地为社会提供服务。

二、机构合作服务模式

（一）各类图书馆联盟合作

图书馆联盟是指两个或者两个以上的图书馆以自愿的形式为前提签订书面的合同或协议，以实现共享资源、互惠互利为目的而结成的图书馆合作组织。图书馆之间以联盟形式合作的直接目的是要降低图书馆运行成本、实现图书馆之间的资源共享和互惠互利，但其最终目的是为了最大限度地满足读者的信息需求。举例来说，高校图书馆与地方公共图书馆联盟合作，通过共享书目信息、馆际互借、文献传递或共享网络信息资源等采编类的服务方式为社会公众服务，是有效参与公共文化服务的通行做法。

图书馆之间的业务合作由来已久，但早期的合作大多以合作藏书、联合目录和馆际互借等作为主要内容，其目的是节省成本、改进服务，这种合作大多是自发的、松散的、非正式的。图书馆收藏能力的有限性与用户需求增长之间的矛盾日益突出，图书馆资源共建共享的理念应运而生。资源共建是指联盟各成员馆分工合作、各有侧重地购置文献资源，各成员馆不必重复购买文献资料；资源共享则意味着每个成员馆的读者都可以共享联盟内所有的资源。图书馆联盟的指导理念是"共享资源，互惠互利"，各成员馆能够以最少的经费支出实现最大限度满足读者的信息需求、缓解供求矛盾，进而提升自身的服务质量。因为信息资源的共建共享的背后是互惠共赢经济原理，而且有组织制度作为担保，所以联盟合作自产生以来成为各级各类图书馆参与最普遍的合作方式。自20世纪90年代以来，互联网的快速发展为图书馆联盟的组建提供了更有力的技术支撑，各种图书馆联盟以更紧密的合作方式蓬勃发展。

联盟类型的划分并没有严格的标准，基于不同的划分角度、不同的组建目的及成员馆功能的不同，同一联盟可以被划分为不同的类型。依据地理区域可以划分为全国性图书馆联盟和区域性图书馆联盟；依据组建单位的系统性质可以划分为系统内图书馆联盟和跨系统图书馆联盟；依据联盟的合作方式可以划分为共建共享式联盟和会员制联盟；依据联盟执行功能可以划分为单一功能的联盟和复合功能的联盟，等等。

1. 全国性图书馆联盟和区域性图书馆联盟

全国性图书馆联盟是由国家系统或行业主管部门组织成立的联盟。目前，由教育部支持组建的"中国高等教育文献保障系统"（CALIS）、"中国高等学校数字图书馆联盟"（CADLA）、"中国高校人文社会科学文献中心"（CASHL），科技部支持组建的"国家科技图书文献中心"（NSTL），文化和旅游部组织的"中国数字图书馆工程"（CDLP）都属于全国性图书馆联盟。国内区域性图书馆联盟的模式主要有三种：跨城市间图书馆的资源共享服务模式；同省之间的图书馆资源共享服务模式；同一地区校地图书馆社会服务联盟。

区域性图书馆联盟是由地方政府主管部门推动形成的，或由地理位置相邻的图书馆联合组成的联盟，其目的是促进地区内图书馆事业的发展、信息资源的共建共享，以及地区与地区之间图书馆的合作与交流。

区域性图书馆公共服务联盟的科学性及可持续发展的前提是以各种法律、法规和政策体系为准则。公共服务联盟的基础是采选资源共享，核心是为广大社会公众服务。方式：其一是采用集体采购或租赁方式来减少电子信息资源的采购成本，且共享资源；其二是使资源获取的方式达到最优化，尽可能地降低图书馆的成本、时间和空间。创建的服务项目和操作流程要达到标准化，不仅提供咨询和培训项目，还要进行数字参考服务、设备采购、系统维护等项目。

2. 系统内图书馆联盟和跨系统图书馆联盟

公共图书馆、高等学校图书馆、科学与专业图书馆常被称为"图书馆事业的三大支柱"。不同类型的图书馆隶属于不同的行政机构领导和管理。同一系统内的图书馆组成系统内图书馆联盟，跨越两个或两个以上系统的图书馆组成的联盟为跨系统图书馆联盟。在系统内图书馆联盟中，由高校图书馆组成的联盟又被称为高校图书馆联盟，由公共图书馆组成的联盟常被称为公共图书馆联盟。

目前，全国性图书馆联盟、区域性图书馆联盟、高校图书馆联盟、公共图书馆联盟和跨系统图书馆联盟都是我国比较具有代表性的联盟类型。

3. 馆企联盟

为了吸引地方性企业，地方图书馆进行特色资源建设并建立特色资源库开发，为地方企业提供技能培训和专业指导。资源库在内容选择和编排方式上，应该以独特的馆藏资源为基础，符合当地的实际情况，开展具有特色的数据库服务的平台，并且具有信息检索与咨询服务功能。为了实现图书馆的信息组织与采编类服务优化，应有效地利用新技术，并以用户之间相互交流的服务形式去满足企业用户的信息需求。使用移动技术来开通移动图书馆服务，根据企业用户的需求向他们推荐发送移动服务内容，这些用户将不受时间和地点的限制，只要有移动通信终端（手机、平板电脑等）就可以进行方便灵活的浏览、查询及获取图书馆的信息资源；还有各类短信提醒或定制服务的功能；开展一个可以进行双向沟通的参考咨询服务平台，这样企业用户将不受条件限制地进行信息需求咨询。这会使得图书馆更好地进入一种企业用户很广泛的服务信息环境中。

要想为双方带来彼此互利的局面及长期的合作关系，稳定的服务场所、人员、设备和各种信息资源是图书馆的前提条件。这些条件不仅拓宽了图书馆的服务项目、为图书馆带来稳定的信息服务业务和对象，对地方企业来说，也降低了查找信息的时间和成本，带来既稳定又可靠的信息源和合作伙伴。

（二）校地图书馆实体共建模式

实体共建图书馆指地方政府与本地高校为了共享资源，促进利益互惠所开展的共同协商与投资，因地制宜地共同推进建设的图书馆。我们也将其称作校地共建图书馆。这是一种全新的图书馆类型，也是一种图书馆联合体，由政府和高校共同实现全面长久而又密切的合作，坚持共同投资和利用，同时受到共同协议与合同的约束。校地共建图书馆除了拥有高校图书馆的属性之外，还有公共图书馆的属性存在，因此要将学术性及文化性放在同等地位，把教育、信息服务和文化休闲这几项职能放在同等地位。所以校地共建图书馆是满足高校师生以及城市居民文化信息服务需求的公益性机构。这一特殊的图书馆机构是信息化时代背景下，高校与公共图书馆实现资源共享以及优势互补的一种新型合作模式，可以取长补短、扬长避短，形成强大的资源合理。校地共建图书馆当前还处在探索研究的阶段，不过在全面推动文化制度改革，打造社会化文化体系的背景下，该模式一定能够成为彻底突破公共文化资源紧缺问题的关键性模式。

校地共建图书馆的特征主要表现在以下六个方面。第一，资源共享性。高校和城市共同投资以及商定最终的投资方案，制定统一的图书馆建设规划与政策措施，为图书馆共建共享的实现提供强有力的保障与支持。第二，馆舍公共性。馆舍公共性主要体现在馆藏馆设共用，形象地说，就是在一个图书馆前摆放两块牌子，在一个资源库上设置两个服务窗口，图书馆当中的所有信息资源及设施设备都有公共性特征。第三，职能双重性。校地共建图书馆需要履行双重职责，既要扮演好高校图书馆的角色，又要扮演好公共图书馆的角色，除了要给学校的教育科研工作开展以及广大师生提供必要的服务与支持之外，还要服务于地方经济及国家经济的发展建设。第四，服务全面性。校地共建图书馆要成为本地的文献信息资源服务中心，还需要服务于高校教育科研工作，形成文献情报服务中心。第五，管理科学性。校地共建图书馆在业务和行政管理方面，应把高校放在主要地位，而地方政府则应发挥监督和评估的作用，负责对校地共建图书馆的效益情况进行分析，对其职能履行情况进行有效监督。第六，用人灵活性。在校地共建图书馆当中，落实事业编制和企业合作制，在关键的管理与技术岗位上安排事业编制的工作人员，而在其他的岗位上则坚持企业化用工，落实劳动合同制度。

高校图书馆文献采集量大、信息更新快，设备先进、配置现代化、人才储备水平高，其基本职能是为教学和科研服务，其核心价值就是为师生提供文献资料、前沿信息及进行思想教育的全方位服务。随着社会的进步和科技的发展，高校图书馆的核心价值也随之转换，社会化服务成为高校图书馆的一项重要职能。国际知名学者Michael Gorman在*Our Enduring Values: Librarian Ship in the 21st Century*中指出，"社会的服务"是8个图书馆职业核心价值理念之一。但服务对象的狭隘和环境的闭塞及社会支援的不足，限制了高校图书馆的灵活性发展，经费的有限也阻碍了信息和资源的进一步引进。地方公共图书馆主要着眼于地方公众的服务，其服务面广，接触社会各界，更容易得到社会和政府的认可和支持。但是由于其文献采集量低，更新也相对较慢，设备陈旧、人才缺乏，无法为全民提供及时有效的前沿服务，在某种程度上阻碍了一个城市的经济和社会文化发展。同一地区不同的图书馆各自使用不同的系统，系统间无法互通。另外，各馆各自为政的编目方式和对文献资源的重复采购也是对人力和财力的巨大浪费。

由此可见，地方政府和高校共建、共享图书馆能够促进高校图书馆和地方公共图书馆良性的健康发展，能够推进社会主义文化的进步，促进知识和信息的共享，消除信息鸿沟和信息的孤岛现象，保证所有读者尤其是弱势群体公平地获取知识和信息，保障其信息权利，既具有重要的理论意义，又具有很好的实用价值。

（三）援建基层单位模式

近年来，我国社区服务机制不断完善，但社区居民文献信息获取渠道一直有待完善。虽然社区图书馆、文化站等设施为社区居民提供了基本文化服务，但是远远无法满足人们对知识信息需求的增长，严重影响着社会整体文化水平的提升。

公共图书馆与周边社区图书馆（室）合作，以自己丰富的文献资源支援社区图书馆（室）建设，以"主馆+分馆"模式为当地社区提供文化服务。或者社区提供馆舍，公共图书馆直接设立流动图书馆（室）。流动图书馆是一种将馆内采编的信息资源（包括书籍、报刊或音像资料等）定期地流动到另一个图书馆（或服务点）内，同时也从其他的图书馆中交流该馆的书籍信息资源，以供当地的读者使用的服务模式。有些图书馆文献资源丰富、质量高，对口支援共建社区图书馆（室），既可以为社区人民提供知识服务和精神娱乐，又能够有效节约本地区内图书馆开展公共服务的馆舍和工作人员。目前，这种"主馆+分馆"或社区流动图书馆（室）的服务模式，在帮助居民提高文化素质等方面发挥了非常重要的作用，是非常受社区居民欢迎的有效途径。

第二节　图书馆采编与公共文化服务的联盟模式

一、联盟构建的基础

（一）理论基础

图书馆采编与公共文化服务联盟成立的根本动机是基于图书馆的社会服务职能，以最有效的方式为公众提供相关的公共文化服务。例如，我国有些高校的图书馆拥有大量资源却很少向社会公众提供相关的社会服务，造成一定程度的资源浪费，因此须提高资源的合理利用率，而图书馆采编与公共文化服务联盟便是解决矛盾的重要途径之一。资源共享是构建图书馆采编与公共服务联盟的目标和理念，是实现小成本、大产出的有效方法，也是我国现代化图书馆事业继续进步的时代要求。大数据时代已经到来，企业的发展需求、民众的能力和阅读需求都在持续增长，在此背景下，图书馆已不能再满足于现有藏书的数量，而应该积极做出应对以满足民众的需求。图书馆共建共享资源的理念由此诞生了。

（二）实践基础

在信息化、网络化时代快速发展的今天，传统的图书馆采编服务已经无法满足用户的需求。首先，图书馆本身的馆藏数量和信息资源都是有限的，远远无法满足用户的所有需求;其次,不断增加馆藏、增加数据库的容量需要昂贵的设备、巨额的资金、专业的人员,投入太大而产出可能很小。要跟上时代的步伐、达到用户的多元化需求,就需要图书馆做出改变。图书馆联盟的建立打破了单个图书馆的孤立状态,打破了地域的限制,使看似渺小的力量汇聚成一股大的洪流。图书馆公共文化服务联盟能够将各大图书馆馆内的信息资源收集起来,向社会公众敞开,让每一位社会成员都能享受更专业的公共文化服务。在这一联盟中,每个成员都有自身的优势资源和希望拥有但由于种种原因还不具备的资源,通过将资源流动起来就可以实现强强联合,各馆根据自己的采编需求补齐短板,在开展社会服务的同时实现共赢。

(三)社会基础

党的十八大提出了建设文化强国,提高国家软实力的战略目标。当前,随着我国经济社会快速发展,人民群众的精神文化需求呈快速增长态势,并且日趋多样化,但公共文化产品和服务供给水平不高、城乡区域文化发展差距大,公共服务均等化水平亟待提高。

我国社会公众对利用图书馆获取知识信息还不是很熟悉。虽然这和图书馆分布不均有关,但真正的原因是我国的图书馆不能实现完全对社会开放,与大众共享。而解决的办法是多样的,一是图书馆应该真正、完全地面向大众,包括图书馆中所有馆藏的书籍;二是图书馆要做好宣传工作,使人们迅速获得近期图书的信息;三是要有宽阔的场地,尽量多设置借阅架,方便人们借阅;最后,各大图书馆之间要经常进行交流,互相开放资源,实现共同发展,更好地为大众服务。当这些都实现之时,图书馆作为大众获得知识渠道的作用才显现出来。

二、联盟模式的分类

(一)图书馆的分馆模式

1.分馆模式的发展概况

总分馆制是以业务、经费、人员统一管理与资源共建共享为目的,构建一体化连锁经营式的公共图书馆服务体系。它是国外通行的公共图书馆服务模式,也是国内发达地区普遍应用的公共图书馆服务模式。而基层公共图书馆及其分馆,是公共图书馆面向社区居民服务的深入与拓展。西方发达国家构建了相当完善的公共图书馆服务体系,其基层公共图书馆的神经末梢往往就是根据法律、法规、政策等设置的图书馆分馆。总馆可以在机关、学校、企业、社区等设立流通服务站或流动服务站，也可以在特定行业建立行业分馆。总分馆制能有效地避免基层图书馆设施的重复建设，统筹馆藏文献资源的合理配置，提高总分馆体系信息资源的利用效率，从而最大限度地满足读者的信息需求。

图书馆的分馆模式是指将该地的图书馆纳入市、区（县）或街道（乡镇）的公共图书馆体系，由地区中心的总馆统一实施资源分配与业务管理，并构建统一技术支撑的馆藏体系与服务平台。图书馆分馆是指依托上级公共图书馆在特定区域所设置的分馆，通常有一定的规模、藏书丰富、管理人员专业，又有地区中心公共图书馆的财力保证，如沈阳市图书馆建立了20多家分馆。[①]从组织结构形式及其功能来看，社区分馆往往属于总馆的派出机构，主要负责所在社区的文化服务工作。随着信息网络基础设施建设的快速推进，总馆与分馆之间、分馆与分馆之间大多实现了一卡通借通还，读者可以在任何一个馆借阅或归还总分馆体系所拥有的馆藏。2010年5月29日，由合肥市图书馆和芙蓉社区管委会共同筹建的芙蓉社区图书馆正式开馆，该馆为安徽省首家实现自动化管理的社区图书馆，通过同合肥市馆联网实行图书统一编目、统一配置、统一管理、统一服务、通借通还，并向读者提供远程的数字资源服务。其建筑面积为350平方米，设有可同时容纳60人阅览的电子阅览室、成人阅览室、少儿阅览室，馆藏图书2万余册、报纸25种、期刊40种，数字资源包括10万种电子图书、1 700余种电子期刊及多个大型全文检索数据库，可提供3 000多万篇期刊论文的全文检索、阅读、传递及查阅服务。[②]总分馆制实现了各项业务工作集成化、规范化与协同化，打造了基于馆际合作、互助的一卡通借通还的文献信息资源服务体系。

总分馆体系是以区（县）图书馆为中心、以街道（乡镇）分馆为分支、以社区图书馆（室）与图书流动站为节点的公共图书馆网络，读者通过使用"一卡通"实现图书馆际互借与通借通还，甚至享受馆际代借、送书上门、参考咨询等图书馆服务，从而保证居民充分利用图书馆各种信息资源与参加图书馆各种文化活动。近年来，我国公共图书馆总分馆体系有了一定的发展，部分城市总分馆建设颇有成效。大连市沙河口区在全区84个社区建立了图书室，构建以区图书馆为总馆、下设街道分馆和社区图书室的三级公共图书馆服务网络，实行统一的管理模式、业务规范、技术标准与运行规划，形成资源共享、优势互补的新型图书馆联合体。流动型社区图书馆是社区分馆的一种创办形式，主要以"汽车图书馆"为活动形式来开展流动送书服务，将信息服务拓展至偏远地区、新开发区等无馆地区。这种"流动"图书馆以汽车为载体，配备包括笔记本电脑、投影仪、监控

---

① 董秀菊.沈阳地区社区图书馆建设综述[J].图书馆学刊，2010（1）：71-73.

② 范祥中，吴昌合.社区图书馆"图书银行"发展模式初探[J].图书情报工作（增刊），2010（2）：53-55，70.

器等先进设备在内的自动化管理服务系统，现场提供1 000～4 000册图书借阅，可连接中心图书馆实现通借通还、信息检索与信息下载。当前，许多城市都具备创办汽车图书馆型流动服务站的条件，因而近年来汽车图书馆颇有增多之趋势。汽车图书馆投资少、周期短、见效快，能够主动开展多样化、个性化服务，诸如随车开设讲座、播放音像资料。

我国许多大中城市纷纷建立公共图书馆总分馆体系，近年来其建设重心逐渐下行到街道（乡镇）以及社区（村）。上海、哈尔滨、东莞、嘉兴等地区的总分馆制取得了很大成效，上海市建立了全国第一个城市四级公共图书馆网络体系，哈尔滨市形成了以市馆为总馆、区馆为中心分馆、社区图书分馆为子馆的三级公共图书馆网等。[①]从2004年起，东莞市先后下发《东莞地区图书馆总分馆制实施方案》《东莞市建设图书馆之城实施方案》《关于贯彻落实〈东莞市建设图书馆之城实施方案〉的意见》等文件，2011年，东莞图书馆通过总馆、分馆、服务站、图书流动车、图书馆ATM等三级网络、五种形态的合理布局，在全市范围内建立起1个总馆、52个分馆、102个服务站，实现全市32个镇（街）24小时自助借阅服务全覆盖的服务体系，形成了"一馆办证，多馆借书；一馆借书，多馆还书"的服务模式。[②]广州市建立了以市馆为中心馆、区馆为总馆、街道馆为分馆的中心馆/总分馆体系，并设置了智能流动图书馆与自助图书馆。当前，30多个流动图书馆服务点遍及广州各区的居民社区、学校、广场、部队和机关等，实现了以身份证为读者证的免费办证服务，自助借书、还书、办证、查询、数字资源阅览及下载服务，跟市馆、区馆、分馆、自助图书馆的通借通还服务，以及全面运用无线射频识别技术（RFID）、触屏查阅系统、GPS卫星全球定位系统等的智能管理服务。集数字化、人性化、智能化为一体的新型自助图书馆被称为"第三代图书馆"，直接为当地居民就近提供自助办证、自助借书、自助还书、自助查询、续借、缴滞纳金等图书馆基本服务，可查询在架图书以及触摸阅读电子期刊。借助现代信息技术，图书馆的服务方式日趋智能化、便利化。

2.分馆模式的利弊分析

图书馆以分馆模式加入区域性总分馆体系，有利于总馆延伸服务与分馆提高服务质量。西方发达国家普遍采用总分馆模式，并创建了完善的公共图书馆服务体系。市、区（县）级总馆或中心馆与街道（乡镇）、社区（村）级分馆共同构建总分馆体系，一方面总馆或中心馆通过建立街道（乡镇）、社区（村）分馆

---

① 张鹏民.社区图书馆实行多元化的建设模式[J].农业图书情报学刊，2010（4）：44-47.

② 银瑞芳.公共图书馆参与社区图书馆建设的构想[J].内蒙古科技与经济，2014（10）：151-152.

促使服务呈放射状延伸，另一方面街道（乡镇）、社区（村）分馆通过依赖总馆或中心馆的技术指导、经费支持与业务协助而迅速发展壮大。总分馆制避免了各个馆单独建设所造成的重复浪费现象，让群众可以方便、快捷、免费获得公共图书馆"贴身"服务，有利于打破各类型图书馆之间的条块分割，有利于图书馆资源的共建、共享。总馆与分馆具有合作共赢的互补优势，既是基础较弱的图书馆迅速成长最有效的途径，又是规模较大的公共图书馆扩充服务最合理的选择。分馆设施薄弱、馆藏缺乏、经费紧张，难以针对用户提供专业的信息服务，因而需要借助总馆支持来吸引读者与优化服务。地区总馆（中心馆）设施完备、馆藏丰富、经费较多，难以满足非邻近用户的信息需求，因而需要借助分馆（图书流通点）加盟来服务读者与提供资源。总分馆模式通过建立信息资源共建共享体系，避免产生重复建设与服务空缺等现象。

分管模式确立了总馆的主导地位与管理责任，有利于促进图书馆采编等业务工作的标准化、规范化。总馆开通可以辐射各区（县）、街道（乡镇）和社区（村）等基层图书馆（室）的网上电子图书，分馆辖区居民只要通过特定账号与密码就能便捷地在总馆借阅相关的电子图书。一般来说，总分馆体系要求采取统一的资金分配、采购编目、资源配置、业务管理与服务标准，但这种管理机制受到当前公共图书馆分级组织与等级管理的严重制约。我国不同类型的图书馆分属于居委会、文化站、中心馆、文化主管机构等不同的管理部门，其组织管理、业务规范、服务活动等尚处于混乱状态。在现行管理体制之下，任何不改变行政隶属、人事关系与财政关系的总分馆体系，都只是"具有一定的统一管理能力、服务相对规范、联系相对紧密的图书馆共同体（准总分馆体系）"。区（县）总馆在地方开设分馆，有利于避免多层管理与条块分割。不过尽管总分馆制在国内外已经积累了丰富的经验，但它的实施需要有强大的资金来源作保障，还需要先进的网络技术的支撑来对各个馆的资源进行整合，同时还要冲破传统图书馆事业条块分割的体制限制。现行公共图书馆建设体制是分级财政的产物，从而确立了公共图书馆的多元建设主体和多级管理单元，致使任何两个或两个以上的图书馆都难以有效共享资源（包括经费、人员、文献、空间等）。图书馆分馆模式必须打破各自为政的不良现象，切实形成赋予并强化总馆特定权力的管理机制。这种模式通常能够推动社区分馆优化管理措施、业务工作与服务活动，但总馆需要拥有相当的人、财、物的决策权与分配权。区（县）政府作为总分馆建设主体，应当整体规划、合理布局各社区分馆，实施设施、馆藏、人员、财务统一管理，并根据业务标准与服务规范统一开展业务工作与服务活动。图书馆建设应当纳入区（县）公共图书馆服务体系规划之中，建立由区（县）文化局统一协调、区（县）财政局统一拨款、基层社区配置基础设施以及由区（县）总馆统一组织的合作机制，从而形成经费、设施、馆藏、人员、服务等统一管理的运行方式，确保共建共享、通借通还与合作协助有条不紊地正常运转。

分馆模式深受分级管理体制的桎梏，它往往导致总分馆体系的管理失范与运行失灵。当前，我国区（县）以上行政区域通常设置了独立的公共图书馆，而街道（乡镇）以下的图书馆（室）往往附设于街道（乡镇）综合文化站或社区居委会（农村行政村）文化室之内。然而，这些附属于文化站（室）的图书馆（室）大多有名无实，经常处于无购书经费、无专职人员、无正常服务的"三无"状态。一般而言，其场地经常为一间狭小的破房，馆藏资源缺乏、陈旧、脏乱，作息时间沿袭政府办公制度，因而基层图书馆（室）陷入了独立开馆困难与开馆读者稀少的恶性循环之中。市/县总馆应当为分馆提供业务指导，提高其采编、管理与服务等业务水平；为分馆配备网络终端，开展查询、预约、咨询、共享等远程服务；为分馆配置文献资源，定期调剂、轮换与更新书刊。只有实现统一经费、统一业务、统一管理、统一服务，才是真正的基层公共图书馆总分馆体系。然而，全面克服这些条块分割的管理弊端，尚需文化体制改革的深入开展。

国家公共文化服务政策不断出台，为图书馆分馆模式构建创造了一定的条件。2017年，文化部印发的《"十三五"公共图书馆事业发展规划》中规定"推进乡镇（街道）、村（社区）图书室建设。推动乡、村基层综合性文化服务中心建设，按照相关建设标准和要求设立图书室，配备相应的器材设备，完善管理制度。村级不具备单独设立图书室条件的，可开辟图书阅览区"和"加快推进县级图书馆总分馆制建设。落实文化部等部委《关于推进县级文化馆图书馆总分馆制建设的指导意见》，因地制宜地建立以县级图书馆为总馆，乡镇（街道）综合文化站为分馆，村（社区）综合性文化服务中心为基层服务点，上下联通、资源共享、有效覆盖的总分馆体系。通过总分馆制，整合县域内的公共阅读资源，实现总馆主导下的文献资源统一采购、统一编目、统一配送、通借通还和人员的统一培训。加强部门协同，推动符合条件的农家书屋成为图书馆分馆。鼓励符合条件、具有资质的上网服务场所成为总分馆的基层服务点。"国家政策明确要求公共图书馆服务向乡村延伸，乡村逐渐建立基层服务点。农村图书馆建设必须坚持地域相近、规模适度、便于服务的原则，采取分级指导与统一管理的总分馆制服务模式，即县级公共图书馆指导乡镇图书馆，乡镇图书馆下辖各村图书馆。不断完善村级图书室、农家书屋、汽车图书馆、图书流通点等服务网点，是加强广大农村地区图书馆服务的重要举措。此外，城乡社区图书馆的工作人员多为兼职或义工，其业务管理水平较低，工作连贯性较差。因此，合理解决图书馆人员编制问题（职员、雇员或聘用等），已经成为地方图书馆建设不容回避的发展瓶颈之一。当前，总分馆制应在不改变原有行政隶属、人事制度和财政关系的情况下，由中心馆负责协调规划全区域内文献资源建设，逐步实现总分馆之间的协同采编、统一检索、统一管理、通借通还。紧密型的总分馆体系由市/县政府出资，市/县图书馆集中采购、分编与配送，甚至直接派人进行管理与开展服务。松散型的总分馆体系因市/县总馆与乡镇/街道/社区分馆相对独立，各参与馆在不改变原来身份和性质的前提下共同组建服务联盟或服务共同体。

3. 分馆模式的优化途径

总分馆制是一种普遍应用的基层公共图书馆建设模式，能够充分提升分馆的业务管理能力与信息服务水平。因而有学者认为总分馆制是发展公共图书馆服务网络主体形式，应当成为我国构建基层图书馆服务网络体系的主导思想。总分馆体系统一进行文献资源的采购、加工与管理，有利于实现各馆之间信息资源的合理配置、有效使用与集群服务。赫里格尔和斯洛坎姆将组织结构分为高度集权制、直线职能制、矩阵组织制、多分部制（事业部制）四种类型，图书馆服务体系的组织结构管理模式应当采用矩阵混合模式（见图5-1）。图书馆服务体系通常由县（区）级政府或街道办事处牵头，由辖区各职能部门与各单位图书馆等共同组成社区图书馆体系，一般通过协议约束来规范各方行为、协调各方关系并监督各方执行协议。当前公共文化服务体系建设遵循人文文化的服务理念与多元化的服务方式，注重改善公共文化服务的技术手段、方式方法和设施设备。公共图书馆服务体系建设可以大力推广总分馆制发展模式，逐步实现文献资源统一采编、统一管理、通借通还。地方政府应当积极推进"以县级公共图书馆为总馆，乡镇（街道）综合文化站、村（社区）图书室等为分馆或者基层服务点的总分馆制"，从而"促进公共图书馆服务向城乡基层延伸"。总分馆体系既拓宽了服务领域，又延伸了服务范围，实际上就是一个共建共享的信息服务网络，通常由"总馆（中心馆）——分馆（高校馆、公共馆）——社区基层网点"三大部分所组成。当然，总分馆体系在不同地区可以有不同的表现形式，譬如北京、上海等地区的总馆上升到市馆层级，从而变通为四级总分馆体系。

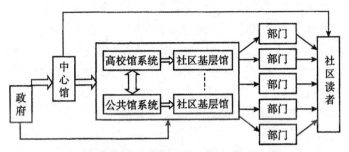

图5-1　图书馆服务体系的组织结构管理模式

　　经济发达、人口集中、交通发达地区，适合建立区域性的公共图书馆总分体系。公共图书馆只有将服务范围拓展到社区，才能真正将普遍、均等的信息服务落到实处。一个县（区）创办一所公共图书馆的传统模式，远远不能满足基层居民的阅读需求。每一个地方因地制宜地设置分馆，既可推动公共图书馆服务的延伸与拓展，又可保障居民文化信息的获取权利。地方性图书馆是区域性总馆或中心馆的分支组织，中心馆或总馆是辐射图书馆建设的核心组织。"嘉兴模式"是总分馆建设比较成功的典型之一，实现了街道（乡镇）、村（社区）图书馆（室）的全覆盖，也实现了统一进行新增资源的采购、编目与配送，还实现了全市范围内"一卡通"借阅。嘉兴市政府采取三级投入和集中管理的保障措施，即总分馆体系中，乡镇分馆的建设经费与运营经费由市、区、乡镇三级政府共同投入并由作为总馆的市图书馆集中支配使用，每新建一个乡镇分馆所需费用由市、区、乡镇三级财政均摊，乡镇分馆建成运营后市、区、乡镇三级政府财政仍然每年分别投入10万元用于保障分馆的正常运营。[①]总馆应当充分发挥上层公共图书馆的主导与协调作用，在市区、郊区乃至乡下普遍设立社区分馆、图书流通点和汽车服务点等，切实打造普遍、均等的公共图书馆服务网络体系。总馆拨出部分图书、人员以及设施建立社区分馆，并将新进书刊定期、定时、定点送到社区分馆。

　　而经济落后、人口分散、交通不便的地区，缺乏建立区域性的公共图书馆总分体系的办馆绩效。尽管总分馆模式具有很多优点，但仍会受到诸多因素的影响，尤其是人口密度与地理位置的影响。城镇人口密度大且交通发达，具备建立"一卡通"借通还的总分馆体系的基本条件。广大农村地区人口密度小且交通闭塞，强制实施总分馆体制未必能够取得良好成效。不同地区的经济发展程度、文化基础设施等社会条件各不相同，地方图书馆建设应当因地制宜地选择合适的发展模式。中西部地区的区（县）、街道（乡镇）两级政府可支配经费捉襟见肘，这在很大程度上钳制了总分馆体系的正常组建。区（县）级以上公共图书馆拥有馆藏、人员、技术与管理优势，应当支援基层创办满足居民文化需求的图书馆。总分馆制是一种理想的区域性公共图书馆服务网络，也是经济发达地区公共图书馆服务体系构建的首选模式。不过，目前总分馆制只在我国经济实力相对比较雄厚、技术比较发达的东南沿海城市实施，而在经费欠发达地区、交通条件恶劣地区、信息基础设施落后地区并不适宜大规模推广。在这些落后地区，可以适当地开展合作服务或流动服务，并随着基础条件的不断改善，而逐渐采用总分馆模式。

---

　　① 侯丽娟.太原市公共文化服务体系中社区图书馆的现状与发展对策[J].农业图书情报学刊，2011（9）：120-123.

图书馆分馆模式的逐步推行需要加快传统文化管理体制改革，强化总分馆体系内部人财物的统一管理。尽管基层公共图书馆建设在总分馆体系、通借通还、资源共享等方面取得了长足进展，但其建设过程中的主体不清、体制障碍等问题仍然是难以克服的发展瓶颈。我国公共图书馆分级管理体制严重制约着总分馆制模式发展，有行政管理、文化体制、财政预算与人事制度等诸多障碍，尤其"分级财政"直接导致总分馆制存在统一经费的现实难题。总分馆模式必须解决经费统筹统管问题，才能既符合实际又有可操作性，否则就很难建立真正意义上总分馆体制。倘若以区（县）为基础统一辖区内的财政拨付，就可以构建以区（县）图书馆为总馆、以街道（乡镇）馆为分馆、以社区（村）馆为服务网点的总分馆体系。在总分馆模式中，总馆是图书馆分馆的业务协调部门与管理协同中心，分馆是总馆的有益补充与服务延伸。一般而言，社区提供场地、馆舍、人员与设备，公共图书馆提供文献、技术、管理与指导，共同构成信息资源服务体系。社区分馆必须提供符合要求的馆舍、设施与人员，保证文献流通等业务工作的正常开展，不定期地派遣人员到总馆学习进修，及时反馈社区用户的文献信息需求；总馆为社区分馆办理集体借书证，提供一定数量的文献资源（每月定期按用户需求更换书刊），适时培训分馆的业务人员的专业技能，定期进行各项业务工作的巡回辅导。有学者提出推广广东省佛山市禅城区联合图书馆的经验，有选择性地将一些图书馆建成分馆，克服"分灶吃饭"财政体制的弊端，实现图书馆所有权与管理权的分离。不管图书馆属于政府，或企业，或个人，其管理权都统一归属区（县）总馆，总馆统一管理经费、资源、人员与业务，从而构建统筹规划、统采统编、馆际联网、资源共享与通借通还的总分馆体系。

（二）图书馆的民办模式

1. 民办模式的发展概况

　　图书馆的民办模式是指一种由企事业单位、非政府组织、非营利机构、团体组织、社会个体等社会力量创办公益性或准公益性社区图书馆的办馆模式，其资金来源与管理运营具有以社会力量为主导的非官方性。长期以来，由于受到各种社会因素的严重制约，基层公共图书馆的建设经费往往不甚理想，尤其是中西部经济欠发达地区的图书馆经费一直亏欠。因此，为了缓解图书馆经费欠缺问题并保障社区居民平等地享受图书馆权利，地方居委会可以实施地方的图书馆民办模式。社会力量是创办或援助图书馆的生力军，地方文化管理部门应当予以高度重视。地方居委会充分吸纳驻区机构、企事业单位、社区居民等各方力量，通过资金捐献、资源整合来走民办公助、公办民助的捐资办馆之路。因此，地方需要建立多渠道、多形式筹集资金的运作机制，鼓励社会力量积极投资、捐款、赠送、赞助图书馆，形成政府、社会与个人共享图书馆建设的氛围。社会力量的积极介入是对地方政府与地方组织兴办图书馆有益的必要的补充，譬如个别民营机构或个体家庭积极参与图书馆建设，还形成了融租、借、售为一体的农村图书馆运作模式。民办图书馆建设需要坚持多元化的发展理念，尝试"公益"与"私利"相结合的办馆模式。一些地方物业提供必要的场地，给予公益文化事业的优惠支持；社会人士承包经营图书馆，负责馆藏设备、图书购置并开展有偿的借阅服务。民办图书馆往往跟私立图书馆、自办图书馆、私营图书馆、民营图书馆、民间图书馆等术语纠缠在一起，我们在此将它们视为大同小异的概念。近年来，民办模式的图书馆逐渐兴起，出现了家庭自办图书馆、居民自助图书馆、"捆绑"经营图书馆等。

家庭自办图书馆（室）是指由热心公益事业的家庭或个人创办图书馆并全权运作，集借、租、售于一体的图书馆。譬如，2020年，一位名叫杜德建的乡村教师，已开办家庭式图书馆达39年之久，自1981年1月1日起，图书馆正式对村民开放。

居民自助图书馆是指居民以捐资、捐书、捐刊、捐设施等形式所共同筹建的图书馆，具体有"图书银行""会员制管理""环保书架""漂流书屋"等组织方式。其中，"图书银行"是指地方居民、企事业单位自愿将文献资源捐赠到"银行（图书馆）"，并根据规定享受一定的优惠权利，如"共建读者"比一般读者拥有更多的借书权限。"图书银行"通常采取"存书自愿、取书自由、存书付息、借阅收费"等管理办法保障文献流转，即地方居民自行选择将自家图书以"存款"形式存入图书馆，换取一个相当于"存折"而又可以免费借阅该馆藏书的借阅卡。地方居民存书的数量与时间以及存书被借阅的次数，直接决定着该存书者"书息"的多少——免费借阅图书馆藏书权限的大小。倘若免费借阅藏书的"书息"不够，用户也可以选择通过交纳押金来换取"书息"。"图书银行"的运作模式在一定程度上缓解了购书经费不足的压力，同时培育居民共享闲置书刊和参与社区建设的文化意识。如2011年，新疆乌鲁木齐卫星路社区图书室设立"图书银行"，推出"存书换折""凭折借书""多存多借""借期延长"的活动，短短半个月内书籍由原来的不到100本增加到500本，至2013年7月图书迅速增加到3 000余本。2016年11月，安徽合肥蜀山区笔架山街道文博苑社区"图书银行"正式启动，社区居民将闲置书籍存入"银行"就能凭"存折"免费借阅藏书、自愿兑换绿植以及换取免费家政，此外"储户"还能按存书量获取可兑换生活用品、学习用品、家政服务等的"积分"。"图书银行"真正实现了闲置书籍的充分流转，也满足了居民的阅读需求，还赠送了友爱关怀的生活福利。简而言之，"图书银行"是图书馆民办模式的一种新形式，即民众把家里收藏的书籍存入图书馆,并免费借阅图书馆中的文献资源。

会员制图书馆主要是指民众自愿集合创办的图书馆,会员需要交纳一定的会费作为购书经费,而图书馆保障会员自主借阅图书的权利。图书馆采取会员制管理方式,可开展"你点书,我买单"的创新服务,免费向会员提供信息资源服务,并定期举办各类会员活动,从而吸引民众加入会员制图书馆。此外,近年来"环保书架""漂流书屋"等居民自助办馆形式也有日益增多的发展趋势。

2. 民办模式的利弊分析

图书馆民办模式通过广泛吸引社会资金"入股",在一定程度上弥补了政府办馆经费投入之不足。政府无疑应当成为基层公共图书馆的建设主体,但由于种种原因,一些地方图书馆的经费长期难以得到保障。采取民办模式建设图书馆,不仅有利于缓解经费短缺问题,而且有利于提高图书馆的服务质量。如黑河市花园街道图书馆跟新华书店合作创建分店,分店图书除在馆内销售外还为读者提供馆内阅读服务,2010年、2011年平均每年花园街道图书馆分得净利润3万元。有些图书馆常常因经费紧缺、设施落后、新书不足而难以持续发展,这种现象在农村地区尤为突出。农家书屋作为政府部门推动的文化惠民工程,要求可供借阅的图书、报刊、音像制品分别不少于1 000册、30种、100种(张)。如要动态维持,可供借阅而非摆设的实用图书至少1 000册,并在后期能够得到社区用户的持续关注,那么农家书屋就面临极大的购书经费压力。实施多元主体的资源整合,既有利于资源集聚,又有利于资源优化,从而提高用户的满意度。

图书馆民办模式通过调动民众参与"办馆"热情,在一定程度上带动了他们积极参与图书馆事务。民办图书馆贴近居民生活与弘扬当地文化,是和谐地方建设的重要保障。没有地方文化繁荣就没有地方和谐发展,没有地方居民参与就没有地方文化繁荣。"图书银行""会员图书馆""环保书架"等民众自助办馆模式,能够充分调动民众参与图书馆建设的积极性,合理利用区域内的人力、财力与物力资源,最大限度地实现共建、共享文献信息资源的基本目标。这些自助办馆模式有利于引导民众捐出闲置书刊或借书给图书馆,鼓励他们参与图书馆建设,加强他们对当地的归属感、认同感与责任感。自助办馆既能激发民众参与公共事务的热情,又能提升民众自治管理的水平,还能促进他们文化自信的养成。图书馆自助办馆需要遵循"公益"与"市场"相结合的运作机制。民办图书馆通常具有自主性强、运行灵活的优点,但仍然存在缺乏后盾支撑、工作不够规范、资源不够充足的缺点。

3. 民办模式的优化途径

图书馆建设主要由地方政府提供支持或者由社会各界提供赞助。政府应当给予恰当的政策扶持，充分整合各种社会力量，实施多元化办馆的发展战略。社会、企业、团体及个人是图书馆建设的有生力量，都可以参与筹建图书馆或捐资助建图书馆。社会力量创办图书馆的方式多种多样，诸如集资自建、物业部门承办、社会团体创办、个人捐资赞助等。政府既是公共文化服务体系基础设施建设的经费投入主体，也是引导、动员、组织与协调社会力量参与其中的直接责任者。只有彻底改变计划经济时代政府"万能论"的陈旧观念，才能形成公共文化"社会办"的新兴风气。因此，我国的文化部门明确提出在文化建设上要形成以政府为主导、以社会力量为补充的合作模式，并提出要运用政策引导、表彰奖励、评估定级等手段，鼓励和扶持社会力量兴办公益文化。具体来说，政府需要制定图书馆建设标准和服务规范，并积极推动社会力量参加办馆助馆活动。

图书馆建设应当采取创办主体多元化或产权主体多元化的发展路径，吸收社会力量参与图书馆事业，鼓励房地产商、企业家、慈善家以及社会贤达捐资办馆。在充分保证基础服务免费开放的前提下，图书馆可以适当实行不以营利为目的的经营性管理，诸如开展有偿专题服务等"多业助图"活动。社会力量在充分发挥市场机制协调优势的前提下，创办融借、租、售于一体的图书馆（室），将社会公益与个体盈利有机地结合起来。

图书馆民办模式就是要倡导多渠道、多元化投资办馆，充分引导团体、企业、书商、物业、开发商、个体等社会力量创办图书馆（室），全面集成"借、阅、租、卖"等综合经营服务方式，切实满足民众的公共文化需求。通常而言，民营图书馆创办者具有很强的进取精神和敬业精神，但在创办与运行过程中必然面临资金困难、馆藏短缺等情况。政府需要提供必要的扶持措施，譬如制定政府支持、街道配套、社会赞助、服务创收的多元化办馆政策，采取政府预算、社区筹款、群众集资、社会捐助的资金注入方式，尤其是大力吸引各种经济实体支援图书馆建设，从而为民办图书馆的可持续发展夯实基础。李英强等人倡导的立人乡村图书馆产生了极大的社会效应，其馆舍大多建在乡村学校内或周边，运行成本几乎完全来自社会捐助，同时还提供了多种教育服务，如阅读书目、选修课、读书会、电影欣赏、作文比赛、冬令营/夏令营。图书馆创办方式各不相同，服务形式亦千差万别，因而需要实施特色化、个别化的管理与引导。

（三）图书馆的网络模式

1. 网络模式的发展概况

图书馆的网络模式是一种借助互联网，上传网络与数字资源，构建虚拟数字图书馆的服务平台，并实现信息资源网上供给与传递的服务方式。因此，网络模式与其说是一种新型的图书馆建设形式，不如说是一种新型的图书馆服务手段。

截至2015年末，我国平均43.79万人才拥有一所公共图书馆，人均藏书0.61册，人均流通人次0.43次，人均书刊文献外借人次0.17次，人均书刊文献外借册次0.37次，人均组织各类讲座次数0.43次，人均举办展览0.15次，人均举办培训班0.25次，每千人平均阅览室座席数0.66席。[①]从整体来说，公共图书馆馆舍设施、书刊资源等相当缺乏。城镇社区图书馆十分落后，农村社区图书馆基本空缺，尤其是乡村地理位置偏僻、经济发展落后、财政支持不足、文化设施薄弱、人口密度较低和居民素质不高等问题极大地制约着农村"实体"社区图书馆建设。许多基层图书馆连基本的外借服务都难以为继，更别说高深层次的信息咨询或延伸层次的文化服务活动了。这种状况为图书馆网络模式提供了生长空间，于是虚拟的数字图书馆等信息共享平台逐渐出现。

图书馆是当地的信息网络中心，当地政府、地方组织乃至居民都可以利用它来发布或获取信息的服务平台。随着网络设施与数字技术的发展，虚拟数字图书馆服务平台建设亦提上了议事日程。政府部门应当借助数字技术、网络技术等现代技术，构建图书馆数字化的虚拟平台，开展虚拟、移动、导航、交互的数字资源服务。图书馆数字化建设乃大势所趋，应当集成文化共享工程、公共图书馆所拥有的多种数字资源，创建一个多资源、宽领域、跨平台的信息共享平台，为读者打造一个信息查询、文献借阅、文化传播、宣传教育的公益性、互动性数字化服务平台。目前中小型城市及广大农村的社区图书馆（室）大多仍处于"藏、借、阅"的孤立状态，还没有开展基于互联网的书目共享、联网检索、虚拟咨询、网络导航与远程服务等新兴业务。当前，尽管图书馆建设远远没有实现全覆盖的基本任务，其网络服务似乎更加难以实现，但这必然是图书馆发展的基本路向。

效仿网络营销，图书馆也开发了文献信息服务的"线上"模式。一些时髦的图书馆随着"互联网+"的发展，开创集藏、借、阅、咨、售等于一体的线上、线下服务平台。譬如，山东首家"互联网+"图书馆——"十方聚图书馆"，通过线上线下、阅读交流等方式把教师、作者、家长、孩子、学校、教育培训机构、媒体出版机构、书店等各方聚在一起。"十方聚""青番茄""微微书香"等网络图书馆层出不穷，为图书馆的创办与服务展示了全新的发展模式。

目前，有些图书馆的网络发展模式尚不成熟，但集合文化业务与拓展服务功能的势头正旺。就其发展方式而言，一方面，图书馆着力提供各种数字资源服务，另一方面，图书馆着力成为数字资源的集成场所与服务节点。2005年8月29日，Tim Spalding创办了一个个人、作者、图书馆与出版商等共同参与的图书馆

---

① 中国统计年鉴2016.[2017-05-15].http://www.stats.gov.cn/tjsj/ndsj/2016/in-dexch.htm.

分享网站Library Thing，它是一个存储与共享图书目录及其元数据的社会性开放编目网站。截至2016年，Library Thing已经成为一个拥有超过200万图书爱好者和1亿本图书目录的共同体。[①]图书馆打造读者的信息资源共享平台，甚至构建跨地区、跨机构的信息资源服务体系。Library Thing网站提供了功能非常强大的图书、音乐、电影等编目与追踪工具，用户可以登录美国国会图书馆、6个国家的亚马逊网站和世界各地1 000多个图书馆；也可以自主编辑、搜索与排序自己的信息，使用自己的学科主题"标记"图书，并使用国会图书馆分类法、杜威十进制分类法或其他自定义分类法等各种分类系统来组织收藏；它也是一个被描述为"脸谱网图书"的社会网络空间，用户之间可以互看图书收藏、互换阅读建议，还能根据集体智慧推荐最合适的图书。在"互联网+"时代，图书馆本身所拥有的数字信息资源固然重要，但其数字资源组织、整序、加工、升值、传递与服务的能力同样不可或缺。图书馆网络化发展趋势进一步显现，但公益性服务容易受到其他业务的冲击。

2. 网络模式的利弊分析

网络模式建立了读者主动参与的信息共享平台，有利于他们方便地获取虚拟的数字资源服务。

网络模式开创了信息资源建设与服务的新纪元，有利于将传统图书馆拓展到网络空间。倘若公共图书馆服务体系能够借助网络平台为公众提供权威、及时、便捷的知识服务，那么这就是一场知识信息供给服务的历史性变革。在此过程之中，图书馆作为知识贡献者与网络服务终端，无疑具有不可或缺的价值与作用。陈福军的家庭图书馆侧重于以书换书，目的是为了让大家能有个固定的换书场所，为更多人提供读书的机会；而"摆摆书架"却利用网络提供了一个读者用于分享自己看过的图书，并且可以免费借阅他人分享书籍的平台。这就是说，"漂流书屋"传统的实体形式，同样可以在网络上发芽生根并茁壮成长。无需建立实体馆舍，无须拥有实体馆藏，网络图书馆就在虚拟网络环境中撑起了一片蓝天。显然，网络民营图书馆的实践表明，公共图书馆的网络模式值得好好探讨。

网络模式开启了数字信息资源服务的新形式，缓解了公共图书馆实体资源不足的压力。图书馆在开展各种实体公共文化服务活动的基础之上，还可以为读者打造公共文化交流的虚拟空间。譬如，Library Thing为读者用户提供7个方面的特色服务：用户免费建立自己公藏或私藏性质的网上图书馆，倘若馆藏超过200本就需要交上25美元享受无限数量的书目管理服务；提供充满动力的编目应用，帮助用户轻松地著录书籍并建立私人藏书目录；提供按居住区域或相同兴趣等创

---

① Library Thing.[2017-08-01].https://www.librarything.com/.

建组群功能，方便用户联系并获得导读、推荐服务；编辑书目相关信息，并对书目进行搜索和排序，用户从任何地方都可访问其目录；用户自由做著录项目"标签"，可使用国会图书馆分类法或杜威十进制分类法等收集整理；为其他用户提供导读服务，用户本人也能得到其他用户的推荐服务；可将自己的图书馆馆藏设置成不同的状态，如借阅、私藏、群内查阅、出售。数字图书馆的信息资源极其丰富，本馆馆藏、异地馆藏、专家知识以及用户智慧等组成了知识宝库；服务对象极其广泛，本馆读者、社区居民、异地用户和网络游客等构成了读者群；服务方式极其方便，人性化服务、个性化服务、一体化服务与一站式服务等服务方式应有尽有。由此可知，图书馆发展重点之一就是依托互联网络加强数字图书馆建设，从而为读者提供虚拟的信息共享空间和便利的信息交流平台。

网络模式需要抵制虚假、不良乃至诈骗信息的侵袭，创造稳定、可靠、权威、方便、及时的信息服务平台。数字技术与网络设施是人类通向未来的重要保障，但给社会发展带来了难以估计的信息安全、信息困扰与信息控制问题。网络给人们提供了信息自由获取的通道，同时也造成了虚假信息满天飞的无奈状况。图书馆积极创建虚拟图书馆，构建读者、馆员、专家等各色人员互动交流的平台，无疑是网络时代图书馆的发展方向。不过正如一个硬币有正反两方面，虚拟社区也容易成为虚假信息、垃圾信息甚至是有害信息传播的温床。任何个体都可以披着马甲自由发表信息，一方面为信息用户坦诚相见地交流提供便利，另一方面为别有用心者发布不当信息给予庇护。如何净化信息传播空间且保障信息自由获取、加强信息合法监管且保护用户个人隐私，这是一个迫在眉睫的难题。图书馆应当依据相关的法律法规、制度政策，切实维护虚拟用户知识信息自由获取的权利。

3. 网络模式的优化途径

图书馆应当坚持现代图书馆服务理念，树立网络化、数字化服务意识。互联网络的快速兴起与急剧扩张，打破了图书馆只是书刊借阅场所的陈旧观念。而图书馆众多传统的服务活动，几乎在网络环境下都能获得较好的应用。许多新型服务甚至需要借助网络，才能得到更快的推广与普及。美国公共图书馆普遍为当地读者提供网络服务，甚至有数据显示在64.5%的社区里，公共图书馆是唯一为读者免费提供使用计算机及上网服务的机构。图书馆发展需要开展网络服务，网络服务是图书馆新的增长点。

图书馆应当加强信息基础设施建设，打造信息资源的网络服务平台。网络触角已经伸向各行各业并产生了深刻影响，图书馆同样需要在网络时代重新定位。网络设施、服务终端、数据资源是网络服务的基础条件，图书馆必须拥有一定的信息基础设施才能开展信息资源的网络服务。图书馆网络模式至少应当具有以下四个方面的功能：业务协作平台，优化信息资源的搜集、组织、描述与管理工作，譬如实现网络任意用户书目DIY专业级别书目，让普通用户上传、编辑、修改、更新书目；集成服务平台，打造读者参与建设、管理的综合服务系统，既提供书名、作者、出版社、ISBN等标准书目信息，又提供本馆馆藏动态、他馆可借状态以及书店售卖信息，还提供各种文化服务活动；虚拟交流平台，构建实时、交互、动态、友好的虚拟数字图书馆，用户能自由发布评论、导读、解说、推荐等信息，形成热爱阅读、乐于交流、互惠互利的受益群体，甚至提供将个人藏书设置"可借阅"功能；多方横向联盟，建立图书馆、出版社、书商等统一合作平台，通过图书借阅、出版、租赁与出售活动共同满足用户的信息需求。只有切实加强信息基础设施建设并打造集成化、虚拟化、联盟化的信息资源服务平台，图书馆的网络服务才能真正成为读者生活的一部分。社区图书馆应当积极融入正在生长着的网络环境，不断拓展突破时空障碍限制的数字服务。

新型数字技术将改变图书馆的运行机制，尤其是云计算技术颠覆了信息存储与传递的方式。传统的总分馆体系或社区图书馆联盟，通常采取数字信息资源集中管理方式，即通过服务器来储存信息资源并提供上传和下载服务，这对业务管理人员的要求相对较高。在云计算环境下，每台计算机都平等运行，创造了资源共享、平等协作、在线交流等外部条件。基于云计算的图书馆联盟网络不仅管理简便，而且可由第三方管理，还易于扩展。当前，绝大多数图书馆没有专门购买数据库资源，基本没有数字化的图书数据库、期刊数据库、学位论文库、影视音乐资源库等。若接入全国文化信息资源共享工程，就可以利用工程配置的数字资源，简单地开展讲座播放、电影放映、艺术欣赏等影音服务。因此，图书馆网络化发展需要从四个方面入手：借助信息基础设施普及、改造与提质之东风，实现图书馆硬件设施的整体改良；借助全国文化信息资源共享工程之契机，实现免费的基本文化资源的合理利用；融入市、区（县）图书馆的数字化服务平台，拓展数字化文献信息资源的服务力度；提升本馆现代信息技术的应用能力，实现馆藏信息的数字化管理与服务。

图书馆必须改变单一的书刊阵地服务的传统方式，坚持走以增加数字资源与拓展数字服务为核心的跨越式发展路径。广大工薪阶层的业余时间相对紧张，难以享受图书馆的实体资源服务，数字技术的发展与应用无疑为他们带来了福音。图书馆需要开展数字化服务，为读者提供图书、报刊、影视等各类数字资源，通过互联网、手机、智能移动终端等新媒体提供电子书借阅、手机图书馆、U盘图书馆等多样化服务。就加强数字资源建设而言，图书馆应当充分整合全国文化信息资源共享工程与市、区（县）图书馆文化信息资源，并力所能及地购买相关数字资源或自建部分有乡土特色的数字资源。而就拓展数字资源服务而言，图书馆需要创建多媒体、跨平台、多终端的文化信息资源共享网络，打造融信息查询、艺术欣赏、文化传播与交流互动为一体的公共文化数字新平台，实现数字资源下载、数字资源导航等服务并跟进当代移动服务，即利用手机、IPAD等手持阅读器通过WiFi或USB的方式下载阅读数字资源。一般来说，图书馆网络化发展模式并不需要特殊条件，只要加强硬件设备、软件系统与数字资源建设即可。图书馆网络化、数字化发展到一定程度，可以克服传统服务中的许多短板与弊端，譬如图书馆逐渐发展成为公共文化服务体系的核心成员与重要支柱，其网络设施建设与数据运行维护可委托第三方完成，从而保障读者只需通过触摸互动设备登录就可以直接远程访问公共文化资源体系中丰富的数字资源。

（四）图书馆的读者决策采购模式

1. 读者采购模式的发展概况

读者决策采购即PDA（Patron-Driven Acquisition），也叫作读者驱动采购，是指根据读者的实际需求与使用情况，由图书馆确定购入的一种以读者为主导的资源建设新模式。PDA由读者的需求驱动采购，因此也称为需求驱动采购（Demand-Driven Acquisition，DDA）模式。PDA最早起源于20世纪90年代的美国大学图书馆，目前已在很多发达国家和地区的图书馆得到广泛应用。PDA有不同的分类方法，按采购对象介质不同，PDA可分为纸本图书PDA和电子图书PDA；按采购主体不同，PDA可分为单馆PDA和联盟PDA。联盟PDA是指图书馆基于PDA的合作馆藏建设或者联合采购。

合作馆藏建设是图书馆通过文献资源联合协调采购来提高区域图书馆文献保障范围和水平的方式，是图书馆合作的主要任务。PDA的按需采购特性与合作馆藏建设一样具有节约经费、优化资源配置和提高文献利用率等优点，两者的结合为图书馆馆藏建设提供了新的思路，因此，PDA在20世纪90年代诞生不久就受到国外图书馆的关注并付诸实践。

在实践方面，国外图书馆联盟PDA实践开始于1999年的美国科罗拉多研究图书馆联盟（CARL），之后国外许多大学图书馆联盟实施了PDA项目。2005年，英国联合信息系统委员会（JISC）采用PDA访问模式为全英继续教育学院统一采购电子书。2009年，美国加利福尼亚州立大学图书馆联盟实施纸本图书DDA试点取得成功，后于2011和2012年又实施了两个PDA电子书试点项目。2013年，美国马里兰州和附属机构大学系统图书馆联盟启动有限访问/借阅联盟模式实施了电子书DDA项目。而受到大学图书馆联盟的影响，多类型图书馆联盟也开始实施PDA项目。美国西纽约图书馆资源委员会分别于2009年和2012年实施纸本图书和电子图书两个PDA试验项目。

而在国内，自从2011年张甲和胡小菁把PDA概念引入国内后，PDA逐渐成为国内图书馆领域的一大研究热点。一些文献表明，国内学者对PDA的研究思路表现出从"认识和争论"到"思考和模仿"的发展历程，研究内容主要包括国外PDA产生的背景、演变、模式，PDA概念辨析，PDA模式创新和实施效益的争论，国外PDA案例介绍和对国内的启示，国内PDA的实施路径和模仿案例分析，图书馆联盟PDA研究等。此外，国内部分图书馆借鉴国外PDA的理念，探索出了具有中国特色的纸本图书PDA模式，如广州佛山市图书馆的"读者自主采购"模式、内蒙古图书馆的"彩云服务计划"模式。这些图书采购活动以读者需求为导向，与PDA思想相同，但仅在单馆内运行，并且存在着"自动化程度不够、用户体验不够便利、效率较低"等问题。

总之，国内图书馆联盟PDA无论在研究方面还是实践方面，与国外相比都存在着较大的差距。

2. 读者采购模式的利弊分析

根据纸本图书和电子图书的不同特点，图书馆在采购实践中，已经发展出了多种不同类型的PDA模式。纸本图书PDA主要有两种模式：一种是把读者的文献请求转化为纸本图书的订单，由于这种采购需要读者或者馆员自己制作书目订单，可以将其称为"自制书目PDA采购"；另一种是读者在OPAC（联机公共目录检索系统）帮助中发现征订书目MARC数据并发起的购买，可以将其称为"征订书目PDA采购"。而电子图书的PDA模式则根据实施目标的不同分为"PDA采购""PDA借阅"和"PDA访问"等模式。

自制书目PDA采购，指读者的纸本图书请求如果在系统内所有的成员馆都没有馆藏，可直接（通过亚马逊等）购买该纸本图书满足读者的需求。

征订书目PDA采购，指针对读者通过检索图书馆预先导入联合目录和成员馆OPAC的征订书目数据而生成订单请求的采购。其一般的运作流程：①图书馆根据一定的馆藏标准对书目经过查重等处理后，把书目MARC数据导入联盟联合目录和成员馆的OPAC之中；②读者在检索联合目录或成员馆OPAC时，如果发现需要的图书，可以点击"请求购买这本书"，读者根据提示填写购买请求单，购买请求单会交由采访馆员处理；③采访馆员每天检查请求列表，根据采购原则进行一定的取舍；④图书可由读者所在图书馆加工后借给读者，也可由书商直接寄给读者。

国外图书馆联盟的电子图书PDA采用"读者触动"机制，是基于读者的实际浏览与阅读情况，以是否达到一定的标准或参数触发对某一文献购买或使用付费指令的模式。其一般的运作流程：①图书馆先与书商确定符合馆藏标准的预设文档，之后书商提供符合预设文档要求的电子图书MARC记录，图书馆把这些

MARC记录导入联合目录和成员馆的OPAC之中；②用户在检索OPAC时，可以点击链接直接阅读电子书（或者要求提供印刷本）；③当用户点击阅读电子书达到图书馆的预设次数、时间、人数或者出现下载、打印等触发标准后，会自动触发图书馆向书商租用或购买的指令；④由图书馆向书商统一付费使用或购买。

不同图书馆的电子图书PDA的触发标准各不相同，视其与书商签订的合同条款而定。目前国外图书馆联盟与电子图书书商签订的触发标准包括PDA采购、PDA借阅和PDA访问等模式。

PDA采购标准：两次或者两次以上"有意义的使用"。一般地，第一次"有意义的使用"是免费，但是第二次（或者多次）"有意义的使用"就会触发购买。"有意义的使用"次数根据合同条款确定。

PDA借阅标准：读者的阅读超出了"有意义的使用"的限定水平（阈值），便会引发租借或短期借用。该书暂时"借"给用户，在借用期间，用户可充分使用并不会触发更多费用，图书馆会为借用支付一笔费用，一般是全价的一定百分比，费用取决于短期借用的期限。当借阅计数超出阈值将会引发自动购买，图书馆需按照该书定价全额支付。

PDA访问标准：读者的任何使用都可能触发微支付；当使用费超过阈值，触发采购。

关于"有意义的使用"的一般规定：读者浏览超过设定时间、设定页数或发生拷贝、下载、打印等操作时，便可算作"有意义的使用"。

上述PDA模式是国外图书馆联盟实施PDA所采用的模式，自制书目PDA采购和征订书目PDA采购是纸本图书PDA模式；PDA采购、PDA借阅和PDA访问是电子图书PDA模式。自制书目PDA采购从传统馆际互借中发展而来，经费管理和所有权归属简单清晰，缺点是主要依赖手工操作，效率较低。征订书目PDA采购运用了现代信息技术，书商能精准分析用户需求，精准投送图书，但对系统平台的技术水平要求高。PDA采购强调对电子图书的拥有量，采购管理比较简单，但所购资源不能共享。PDA借阅把对图书的"使用"和"拥有"结合起来考虑，合理解决了读者不断增长的文献需求和图书馆经费不足的矛盾，并且支持图书馆合作的资源共享，其缺点是触发机制复杂、技术要求高、管理难度较大。PDA访问强调对电子图书的"访问"使用，适用于"使用"时效强、"拥有"价值低的图书采购项目。

3.读者采购模式的优化路径

图书馆实施PDA，可以根据需要选择PDA模式。选择模式必须考虑6个方面的因素：①图书馆合作的组织类型，是全国性的还是区域性的，是单系统类型的还是多系统类型的，组织上是紧密的还是松散的等；②技术条件，统一的业务管理平台和联合目录建设情况、对接书商系统技术条件是否成熟等；③采购对象，即采购文献类型，是纸本文献还是电子文献；④采购目标，采购目标是"拥有图书"还是"使用图书"，纸本图书只能"拥有、收藏"，电子图书需要考虑是基于"拥有"还是基于"使用"等；⑤经费的来源和分配，经费来自联盟，或由成员馆共同筹集，还是由成员馆各自付费；⑥所有权归属，所采选的文献归联盟所有还是归单个成员馆所有。

从组织类型来看，图书馆联盟由地方大学图书馆与地方公共图书馆构成，属于区域性多类型图书馆联盟，与美国的西纽约图书馆资源委员会、伊利诺伊州学术与研究图书馆联盟同属一个类型，在模式选择上可以参考这些国外联盟的做法。如在实施纸本图书PDA试点项目时，就根据现实的技术情况和对馆际互借的检验目的选择了自制书目PDA采购，实施电子图书PDA试点项目时则根据技术条件（如信息共享平台、联合目录）和资源共建共享的目标选择了PDA借阅。

从技术条件来看，一些地方的图书馆联盟依托文献网络平台，这虽然已经解决了成员馆之间读者统一认证、资源统一发现、用户行为分析管理和联合书目等问题，但在对接书商的信息管理系统、书目导入与查重、书目管理和发现专用功能等方面还需要重点解决。

综合考虑各方面因素，根据现实情况，当前图书馆在开展PDA试点项目时，纸本图书可以借鉴国外的经验，采用自制书目PDA采购模式，通过当当网或亚马逊等网上书店快速获取读者想要的图书，等到技术条件成熟时也可以采用征订书目PDA采购。电子图书可从外文电子图书开始试点，选择具有图书馆PDA经验和实力的供应商进行合作，首次建议采用PDA采购，管理起来比较简单，技术条件成熟时可以采用PDA借阅。至于中文电子图书，虽然主流的打包销售方式阻碍了PDA模式的应用，但随着数字版权保护技术的提高，国内书商和出版社已经开始探索适应PDA模式的电子图书单本销售方式，如某公司在2016年推出的田田网——中文纸电同步平台，可以与图书馆信息管理系统对接，实现版权控制、纸电新书发布、图书馆采购和读者借阅、荐购服务等功能。目前一些地方图书馆正在与公司合作，利用田田网试验PDA项目，试验成功后，则可以推广到各地的图书馆之中。

第三节　图书馆参与社区文化服务的模式

一、图书馆参与社区公共文化服务的基础

社区公共文化服务作为现代职能政府建构公共服务体系的重要模块，是政府履行其公共服务职能在社会文化领域的体现。政府虽然是保护、传播文化的主体，但并不是唯一的，社区居民参与文化资源的挖掘、保护和传播，可以推动自我保护、管理、开发等良性机制的形成。社区是社会的具体化，人们的生活和工作都是在社区里集中进行的，提高社区居民公共义化水平也是提高社会公共文化的重要部分。而图书馆作为一个实体社区，为用户提供了丰富的信息资源。这里提到的图书馆参与社区公共文化服务的基础主要是基础设施的完善。

随着科学信息技术的不断向前发展，各大图书馆运用高级的图书馆集成管理系统，先后建立了馆藏资源的中、外文书目数据库，中、外文期刊数据库和读者数据库，实现了图书、期刊采购、分编、流通和数据查询的自动化，形成了以信息服务为中心的全方位、多层次的文献信息服务体系。完善、先进的基础硬件设施所提供的公共文化服务越来越优质。在良好的图书馆氛围中，将会产生不同的情感体验，读者思维敏捷、心情舒畅，很愿意去读书，使得这种阅读行为变得既积极又主动，反馈信息的速度明显加快；反之，在不良的阅读氛围中，读者觉得勉强，阅读的效率也将随作用之降低。所以，图书馆提供完备的基础硬件设施对公共文化的提升是有保障的。

二、图书馆向社区提供服务的主要方式

（一）利用网络开展数字化公共文化服务

当今社会，全社会信息化程度越来越高，生活节奏越来越快。人们越来越没有时间或没有心去静下来，品一杯茗茶，捧一本典籍苦读。现在越来越多的是，通过电子化的产品，进行快餐式的"指尖阅读"。Web 2.0技术的应用、开放存取运动的开展、智能电子产品的问世及普及，使数字化文化服务产品越来越"吃香"。人们可以不再必须舟车劳顿，跑到大老远的图书馆去借书，而是随时随地

就能享受图书馆的资源。因为现在很多社区居民家中已经配备了电脑与网络，同时随时随地都携带着一个"图书馆"——电子设备。同时，近年来，图书馆资源数字化程度越来越高，数据库越来越多。我们可以在民众中开展数字化信息资源利用的相关讲座，开放图书馆的数字化资源，开展虚拟参考咨询、文献传递等服务。充分利用网络，开展数字化公共文化服务，这样民众足不出户，就可以享受到图书馆的服务，利用图书馆的资源了。

（二）高校类图书馆与社区类图书馆建立资源共享机制

高校类图书馆可以将文献信息资源与公共（社区）类图书馆进行共享。社区的民众可以通过公共（社区）类图书馆，预约到高校类图书馆的纸质资源，然后从公共（社区）类图书馆获取。高校类图书馆也可以将数字化资源整合到公共（社区类）图书馆数字平台上，民众可以登录公共（社区）类图书馆使用。

（三）与其他行业协会、学会开展合作，提供面向社区的服务

图书馆可以与当地其他行业学会、协会开展合作，共同为社区服务。如大连医科大学图书馆，在大连医学会医学信息专业委员会的搭桥下，以学会为依托，与大连市各医院图书馆联盟，通过各医院图书馆向大连市的各医院提供文献传递、馆际互借等服务，并发放馆际互借阅览证，为大连的医疗机关单位提供文献资源服务，大大方便了医疗单位里医护人员的科研和学习，同时也拓展了大连医科大学图书馆的服务方向，提升了服务水平。这种与行业协会、学会合作发展的服务方式，在我国其他地区也有例子。我们也可以将这种方式借鉴到社区服务中来，如通过相关协（学）会或以当地市县级图书馆为依托，将各社区图书馆组织起来，通过统一的平台，向各个社区提供公共文化服务。

（四）建设特色数据库，提供个性化服务

每个图书馆都有自己的馆藏特色，很多图书馆本身已经有自己的特色数据库。同时，可以对本地社区进行调研，了解当地民众的公共文化需求特点。结合民众需求与自己的本馆特色，建立针对社区服务的特色数据库，从而更有利于开展个性化的服务。总之，结合图书馆的资源特色与社区居民的特点，建立特色数据库，有针对性地为不同的人群提供个性化服务。

三、图书馆参与社区文化服务模式的创新

社区图书馆的不断完善和建设要符合社区未来发展的长远目标，要以服务

社区文化为宗旨，而且具体的建设内容、方针政策、活动形式等都要顺应公共文化服务的需要。目前，张家口市社区图书馆（室）建设模式主要有分馆型、联办型、独立型、图书馆银行，不同的建设模式有不同的特点。那么，图书馆参与社区公共文化建设并协助当地进行社区公共文化服务模式的改进可以从以下两方面进行。

（1）权利义务平衡模式。

从公共财政理论来看，社区公共文化建设经费均间接或直接由政府拨款，所提供的服务属于公共产品，因此有责任为居民提供公共文化服务，同时也是各个地方都应尽的义务，也是每一个民众都应该享有的权利。图书馆作为社会的文献信息中心，有义务也有责任保障每一位图书馆的用户平等地获取信息的权利。图书馆服务作为公共文化服务体系中的基层服务，地方图书馆应加强与社区图书馆的有效沟通，利用特有的资源和人才优势，深入社区，承担起为社会文化服务和发展的责任，在为本地民众提供服务的同时，使得丰富的文献资源为社区居民所享、所用，缩小社会差距、缓解社会矛盾。

（2）应用制度约束模式。

建设社区公共文化服务体系，要制定相关的规章制度作为保障。纵观全局，要以法律准则的形式把社区的公共文化建设明确列入地方和社会未来发展规划，制定合格的衡量标准，以此明确各级政府的责任和义务。使社区公共文化作为社会素质教育资源纳入社区居民综合素质提升的教育网络体系中，以便公共文化建设进一步向纵深方向发展。从局部出发，要结合实际情况来规定和进一步完善公共文化建设内部制度规章。用规范、科学、合理的制度来约束公共文化事业管理和服务行为，明确区分社区和民众的权利和义务，保障不论大小、男女、贫穷或者富有，不分宗教信仰、民族和职业等，都能公平合理地享有社区提供的公共文化服务，并且他们所享有的公共文化无论是服务质量、服务水平还是服务方式都要随着社会经济文化的发展逐步提升。在我国，地区差异较大，各个地方根据情况制定本省（区、市）的公共文化建设管理法规制度，有利于城市文化建设和教育经济发展的统筹兼顾。在没有全国统一的公共文化建设法的情况下，应以法规制度保证文化服务的良性发展，各个省（区、市）政府等机构可先制定各个地方的建设法规制度，从而确保有足够多的公共文化基础设施"专项专用"，让公共文化服务真正地回归民众。

第四节 图书馆采编与公共文化服务融合所面临的障碍

一、融合存在的主要问题

回顾近年来我国图书馆开展社会公共文化服务的情况，尽管在实践中进行了大量的探索，但整个图书馆的总体融合情况目前仍存在很多问题，不仅无法与发达国家情况相比，而且与社会需求和期望也相距甚远。

（一）两者融合的供应不足

由于图书馆公共文化服务制度存在"短板"制度供应不足、管理不规范，图书馆文献信息服务的供给尚未形成有效机制，导致图书馆服务的有效供给短缺，针对公众需求的文献信息产品和服务尤其缺乏，使得潜在需求得不到开发，已形成的有效需求也得不到满足。这一方面造成了图书馆资源的极大浪费，图书馆的运作效率低下；另一方面，无法满足公众的文献信息服务需求，使潜在的文献信息服务需求也无法转化为现实需求，抑制了公众文献信息服务需求的增长。

制度缺乏专业性则不能保证公共文化服务的可持续性发展。我国图书馆公共文化服务制度以行政制度为主，专业制度严重缺乏，以经费投入问题为例，在《关于加强美术馆公共图书馆文化馆（站）免费开放经费保障工作的通知》中明确指出，2011年，地市级图书馆、文化馆开展基本公共文化服务项目经费补助标准为每馆每年50万元，县级图书馆、文化馆补助标准为每馆每年20万元，乡镇综合文化站补助标准为每站每年5万元。在制度层面，虽然这一补助有明确的指标，但对发展不均衡的各地市级的图书馆来说，统一的补助标准显然不能适应千差万别的馆情。同时，完善的经费保障不仅依靠财政的投入，更要依靠多元的经费投入机制，以保障公共图书馆经费正常、合理增长，使其常态化、制度化，从而避免图书馆经费来源不稳定及因此造成的公共图书馆的短期行为，使其定位于长远的发展目标。在经费的使用上，制度应保障经费使用的优先性问题，避免有限经费的滥用。制度设计一旦缺乏统筹性和系统性，就无法保障图书馆公共文化服务运作的有序性与高效性。

（二）两者融合的发展性、前瞻性不足

从总体来看，图书馆的公共文化服务水平和服务能力尚不能完全满足人民群众不断增长的文化需求，服务水平与公众的消费需求间存在着一定的差距，突出表现为公共文化服务层次、服务类型、服务形式、服务能力、服务结构等与公众文化消费需要的不适应。在信息时代，公众的文化消费需求呈现快速增长趋势，主要表现为：需求类型的多样化、个性化，需求结构的复杂化、立体化，需求的更新速度加快，需求总量增加。而目前我国一些公共图书馆的文化服务则存在着服务结构单一、服务能力不足、服务水平滞后等现象，应对乏力，无法满足公众的文化需求，图书馆又回归为"藏书楼"的现象也就不一而足了。只限于解决目前存在的障碍而不把目光放得长远一些，只能使制度的制定成本增加，同时延长制度的制定周期，造成制度的不稳定性，增加社会和图书馆不必要的人力成本、物力成本及时间成本。因此，在设计制定图书馆制度时，不仅应兼顾现实的需要，更应考虑到图书馆未来发展的趋势，考虑到未来对公共图书馆文献信息服务的需求。

（三）两者的融合缺乏竞争机制

图书馆采编与公共文化服务融合的行政意味浓厚，行业间缺乏竞争机制，导致融合缺乏发展动力，服务水平裹足不前。目前对图书馆来说，竞争机制缺乏主要指两方面：一是图书馆内部竞争机制的缺乏，二是图书馆外部竞争机制的缺乏。内部竞争机制缺乏会导致馆员服务质量和服务水平低下，公共文化服务的竞争力减弱；外部竞争机制缺乏则成为图书馆发展动力不足、发展目标缺失、发展方向不明确的主要原因之一。

二、影响两者融合的主要因素

（一）法律约束缺失

图书馆法是保障图书馆事业的基本法，立法的目的或意义围绕保障图书馆的经费、加强图书馆的建设、提高图书馆工作人员的待遇、改善工作环境等方面，是建立与管理图书馆行政法规和规章制度的总依据。图书馆法是调节国家与图书馆之间、图书馆其他组织之间以及图书馆与读者之间等在图书馆活动中所产生的各种关系的法律规范，是国家领导、组织和发展图书馆事业的重要手段，具有强

制性、规范性、稳定性等特点。

虽然在本书第二章已经介绍了关于国内图书馆法律制定的历程，但目前，我国尚没有一部覆盖各级各类图书馆的综合性图书馆法，没有形成一套完整的法律体系来保障图书馆的采编与公共文化融合，直接影响了图书馆发展公共文化服务的进程。而图书馆构建公共文化服务体系涉及诸多问题，如资金来源、服务范围界定、服务内容和方式的规范、信息资源的管理、知识产权的保护、服务质量评价，都需要统一的法律、法规提供保障。缺乏统一的指导性法律、法规来规范图书馆的行为，难以为图书馆的运行提供法律保障。

我国的图书馆立法工作尚处于完善过程中，还不能解决实际工作的全部问题，遇到问题找不到法律依据的情况还会存在。由于缺乏法律保障，各部门的作用没有明确，造成了当前建设主体比较混乱，基层图书馆的长效机制、可持续发展问题难以解决。在实践过程中，有很多图书馆曾经开展过社区服务，但因为没有长效的运行管理机制，没有法律的强制性，也没有法律保障资金来源，最后都夭折了。

图书馆为社会提供文化信息服务主要涉及信息资源的共建共享问题，这不仅涉及信息资源共享的专门法律，也涉及所有与信息领域相关的法律规范。知识产权是其中需要解决的问题之一。现在我国信息共享不断推进，而知识产权法却不完善，两者之间的矛盾越来越明显。当共建共享中涉及侵权问题时，难以运用合法手段妥善处理相关事宜。信息化、数字化使用户检索和传递文献资料更加便捷，但同时违反版权法的案例时有发生。数字图书馆带来方便的同时，也激化了知识产权的保护和信息的传播利用两者之间的矛盾。没有知识产权法，信息资源的共建共享便没有法律保障。知识产权法可以对文献资源的共建共享起限制和约束作用。

（二）资金保障不足

近些年，国家公共财政对公共服务体系的投入比重逐年增加，政府对图书馆事业日益重视，各级政府的财政支持力度不断增加，但与图书馆发展的实际需求相比，仍然存在很大缺口。财政投入的不稳定、不连续，以及地区和级别差异等都影响了图书馆构建公共文化服务体系的进程和可持续发展。受经济发展水平、公众信息素养、教育资源不均衡等因素的制约，不同地区的图书馆发展水平差距较大，经济发达的地区，图书馆获得的经费越多；而经济落后、社会需求较大的地区，图书馆的经费越匮乏，导致提供的服务越有限。图书馆为社会民众提供公共文化产品、服务，建设信息资源共享平台、人员培训、项目合作等需要大量的专项资金支持。但是由于缺乏法律的强制约束，图书馆拨款并不规范，数额不稳定，加上缺乏监督管理机制，资金的可持续性成为各个地区图书馆面临的问题。资金不足将影响公共文化服务体系建设的可持续发展，而互不协作、重复建设则导致更大程度的资源浪费，从而使资金更加短缺。

实际情况表明，政府的投入决定着图书馆事业的发展，而决策者对图书馆事业的认知和重视则决定着财政对图书馆事业投入的比重。如果领导不重视，即使在经济发达地区，也会由此造成图书馆设施的落后、文献资源缺乏、资源共享理念缺乏和实施的困顿、发展滞后等问题。就图书馆事业总的经费投入来看，虽然逐年呈增加的趋势，但是占国家财政总支出、文教科学卫生事业费支出的比重仍然相对较低。2021年,全国一般公共预算支出246 322亿元，同比增长0.3%。其中，文化旅游体育与传媒支出3 986亿元，同比下降6.1%。公共图书馆的人均购书费也相对较低，文化事业的发展滞后，远远不能满足群众日益增长的精神文化需求。另外，吸纳和动员社会力量办图书馆方面力度不足也是我国图书馆事业发展缓慢的原因之一。长期以来，作为社会公益性机构的图书馆服务供给主体单一，完全依赖国家或地方政府的财政拨款，只能被动地以"等、靠、要"来维系。在西方国家，非政府组织是公共文化产品（服务）的主要生产者，但在我国非政府组织目前尚处于起步阶段。据民政部近日发布的数据显示，截至2020年第三季度，我国共有社会组织888 517个，其中社会团体372 868个，民办非企业单位503 391个，基金会8 258个，而文化类的民非单位占比不占优势，公共图书馆类的非政府组织更少，而且参与公共图书馆活动也很少，其所起的作用甚微。

而相关调查表明，图书馆在服务地方公共文化服务过程中，资金较为紧张，是阻碍文化服务顺利开展的主要原因。公共图书馆参与地方公共文化建设服务，是一项公益性服务，是为了满足人们日益增长的文化需求。但是，任何一种服务都需要资金的支持，尤其是公益性服务。解决图书馆参与地方公共文化服务所产生的资金问题是确保服务长期运行的关键所在。因此，图书馆建设公共文化服务体系必须走投资主体多元化的道路。

（三）人力资源建设薄弱

首先，非专业人员过多。据统计，我国公共图书馆系统，具有大专以上学历者大约为40%。长期以来，图书馆被认为环境简单、工作清闲，部分工作人员安于现状、不思进取，工作方面能省则省，成为制约图书馆发展的一大障碍。

其次，知识结构比例失调。谢拉曾认为，一个优秀的图书馆员应具备的首要条件是精通自己负责管理的资料，甚至还认为"图书馆事业百分之九十是学科实际知识，百分之十是专业技术，或者说得难听一点，是职业手腕"。这也是美国图书馆学教育以研究生教育为主，坚持从其他专业本科生中招生的理由所在。

我国随着图书馆事业和高等教育事业的发展，在许多图书馆，大专、本科以上学历人员已达到比较大的比例，但是多为单一的图书情报人员，相关学科尤其是一些理工科专业的人员仍然十分缺乏，这在很大程度上影响了图书馆在现代信息社会捕捉信息、处理信息和加工传递信息的能力。

另外，由于图书馆待遇较低，高层次人才外流的现象相当严重，具有博士学位的员工留在公共图书馆工作的较少。

图书馆事业发展的全球化要求我国图书馆与国际接轨。世界发达国家的图书馆职业资格认证制度已经很成熟，而我国还未建立，这必然影响我国图书馆在国际学术舞台上的地位，也影响我国图书馆与国外图书馆的交流。图书馆的馆员结构不合理，馆内应结合自身的情况，研究本馆的人员构成，分析人力资源的情况，制定发展规划。很多图书馆存在两难的境遇：一方面图书馆机构效率低下，大部分工作人员长期保持稳定；另一方面图书馆中学历高、能力强、知识结构合理的优秀人才又在不断流失。图书馆人力资源管理在培养、稳定和吸引人才与业绩考核方面缺乏规范缺乏长期规划，没有形成对人员的录用、开发、维持和使用的长效机制。继续教育没有形成制度，馆员的继续教育得不到保障。我们应该意识到图书馆发展的瓶颈和危机是缺乏一支高素质的人才队伍。

第六章　公共文化服务视角下图书馆的
采编业务的优化策略

在公共文化服务体系之中，图书馆采编业务建设的重要性与迫切性日益上升。我们甚至可以说，没有普遍均等的公共文化服务体系，就没有中华民族伟大复兴的文化战略；没有普遍均等的公共图书馆服务体系，就没有完善的公共文化服务体系；没有布局均衡、服务便捷的图书馆采编业务建设，就没有覆盖全社会、资源共建共享的图书馆服务体系。因此，图书馆的规划、采编、管理、运行与发展，已经成为国家文化战略实施的重中之重。然而，优化图书馆采编业务建设也是一个不小的系统工程，牵涉多方面。本章从优化图书馆采编工作、加强技术标准规范体系建设、建立有效的合作机制以及保障资金投入这四个方面阐述公共文化服务视角下图书馆的采编业务的优化策略。

第一节　优化图书馆采编工作

一、优化图书馆采编业务的重要性

图书馆采编的业务流程比较多，每个业务流程都非常耗时耗力，使得图书馆采编工作效率比较低下，不能够满足人们的高效率借阅要求，在一定程度上制约了图书馆服务效率的提高。图书馆采编即按照计划对图书馆的书籍采集进行信息分类和统计，从而整合出关于图书馆书籍采集和存书数量、位置等各方面内容的书籍完整信息，如图书馆藏书数量、藏书涵盖的各个类型、同类型书籍的存放位置、书籍的外借情况等各种信息。在传统图书馆采编工作流程模式下，各种信息的统计是分离的，不同的统计人员有不同的工作，工作量大、自动化水平低、人工作业任务重。

这种模式导致相同的数据被重复统计计算或者交叉使用多次。工作的重复进行加大了图书馆采编人员的工作量，降低了采编工作的效率。采编工作人员之间往往都在自己的工作范围内各自为政，很少与其他工作环节的工作人员进行交流，这样就导致了他们忽视群体利益，只注重局部利益，缺乏团队协作精神。

优化图书馆采编业务的重要性体现在以下方面。

1. 有利于实现高效运作

文献是图书馆采编流程的加工单位，其采集、分类等一系列活动所花费时间的多少直接影响到文献的利用率。根据图书馆采编流程的运作特点，利用BPR专业理论（业务流程重组理论）对采编流程内部活动进行优化重组，可以实现流程的高效运作。

2. 降低运作成本

优化图书馆采编工作是指对诸多环节进行合理配置，通过优化采集文献信息来降低采编成本，这样不仅能减少资源消耗，而且保证了图书馆采编业务的可持续发展。

3. 提高服务水平

优化图书馆采编工作是以读者需求为导向，横向设置各个学科资源处理小组。这种"一站式服务"方式，不仅可以针对读者特定需求做出反应，而且可以协调各学科资源处理小组的合理配置，确保图书馆采编业务系统的整体优化。

二、传统图书馆采编业务中存在的问题

（一）采编业务模式落后

传统的图书馆采编运作流程是把人力、资金、设备等资源投入到采编业务中，按照采集的馆藏信息整理与维护采编工作。由此导致同一信息资源的引进因载体的不同而存在交叉和重复现象，同时使各个子流程活动仅仅局限于固定的工作范围中。

（二）流程数据达不到预期标准

图书馆书目数据是连接读者和图书馆的纽带。随着读者实际要求的提升，采编图书的种类和数量也不断增加，虽然部分图书机构将图书采编工作进行外包，但是在实际落实过程中没有对外包部门进行有效管理，使得流程数据质量得不到提升。

三、图书馆采编业务发展问题的优化路径

在图书馆建设中，应当从图书馆采编业务的发展现状及问题出发，通过优化采编业务流程、健全采编业务外包机制、提高采编人员素质等方式优化图书馆采编业务，推动图书馆采编业务转型发展。

（一）优化图书馆的采编业务流程

在图书馆采编业务创新中，首先，在编目加工中，采编人员应当根据采购清单对采购的图书进行一一核对，并根据图书馆的藏书原则、管理制度等粘贴图书代码，将索引号、书签等图书信息录入数据库，最后对图书进行分类和归档。其次，在图书馆采编业务上，应当将图书馆采编工作重心置于用户需求之上，围绕用户需求开展图书采编工作，提高采编工作的规范化、标准化程度。比如在图书采购、编目加工等方面，通过征求专家意见、听取用户反馈等方式确定图书采购的内容、范围等，完善图书采购流程。再如应当在图书馆官网上设置用户采编意见栏，以公开征集的方式获取用户的意见反馈，以更好地优化图书馆的采编工作。最后，应当加大对数字图书馆的人力及资源投入，在网络管理系统的基础上建立自动监控系统，对公共图书馆的图书采购、书目编制等进行监督，将图书馆的馆藏资源都纳入数字图书馆数据库之中；完善图书采购工作制度，将走访调查、网上采购、现场采购等结合起来，不断优化图书文献采购制度；将图书采购和书目编制结合起来，实现图书采编业务各个环节的顺利衔接。

（二）采用优化重组策略

实现流程重组。随着信息时代的飞速发展，要提高图书馆的核心竞争力就需要对采编模式进行更新，对相关流程都要进行良好的规划，使各环节的工作能够更好地完成。流程重组后，形成了多条流水线作业，加快了新书流通速度。采编流程以经济学理论为基础，合理分配文献管理费、设备费等，通过相关论坛时刻关注读者对信息产品的需求变化，并合理分析业务流程活动现状，有效减少了流程中的非增值活动出现。首先应明确流程运作，充分考虑业务活动或业务活动的投入增值及业务活动投入变化对信息产出的影响等，其次是利用BPR先进技术对采编流程活动进行简化、整合，并利用现代化信息技术降低采编流程的运作成本。

（三）采取采编业务部分外包和联机编目的形式优化采编业务

当前许多图书馆的管理理念仍比较落后，并未随着时代发展而调整采编业

务流程及模式，也未根据用户需求大力发展数字图书馆采编业务，从而带来了图书馆采编业务与用户阅读需求不衔接的问题，这无疑影响了图书馆采编业务的深入发展。在这种情况下，图书馆应当积极推动采编业务改革，通过业务外包的方式提高采编工作质量。首先，在开展采编业务时，图书馆应当建立科学高效的采编业务外包机制，将自动配书、书目选购、清单订购、书目编制等业务外包给专业的组织机构，提高图书馆采编业务的专业化程度。在采编业务外包时也应当注意，要从图书馆的经费投入、采编业务发展等实际情况开展采编业务外包，不能盲目地将所有的采编业务都外包出去。其次，在采编业务外包时应该坚持公开公平的招标原则，尽可能降低公共图书馆的外包成本，同时也要加强对采编业务外包的法律监督，减少采编业务外包中腐败问题的发生。在外包工作中应当选择实力较强、信誉较好的馆配商，以更好地保证采编业务外包的质量。此外，应当完善编目外包抽检制度，完善编目外包工作机制，推动编目外包规范化建设。例如联机编目，可以利用网络技术对检索界面和面目界面进行改进，逐渐形成了联机采编模式。再如，二级采访。随着新型载体资源不断地涌现，图书馆采编部门要及时调整工作流程，充分利用网络技术实施图书二级采访新模式。所谓图书二级采访就是采访人员将各种图书信息及时搜集整理发布在该平台上，根据学科情况划分文献经费额度和采访计划，然后由读者进行网上筛选，最后形成最初订单，采访人员根据目录进行，最终进行信息反馈。

（四）提高图书馆采编人员的综合素质

在网络化、数字化的时代境遇下，用户的阅读心理、阅读方式、阅读习惯、阅读需要等都发生了深刻变化。他们对传统的纸质图书的依赖程度越来越低，对电子书刊、网上阅读的需求量不断增加，同时随着生活节奏的加快，用户越来越喜欢用碎片化的时间进行阅读，这些无疑对图书馆采编人员的业务素质提出了新要求。在这种情况下，图书馆应当不断提升采编人员的专业素质、网络素养、职业道德修养等，建设一支专业强、素质过硬的高素质采编队伍，以更好地提高采编工作质量，满足用户多元化、个性化的阅读需要。首先，图书馆应当通过专业培训、继续教育、专家讲座、专题研讨会等方式对采编人员的专业素质培训，不断提升图书馆采编人员的业务素质及计算机应用能力等，以更好地适应图书馆采编管理信息化的发展要求。此外，应当通过事业单位人员招聘的方式吸引更多的图书馆专业人才、计算机人才等，不断优化图书馆采编人员的知识结构，提升图书馆采编人员的整体素质。最后，应当通过思想政治教育、职业道德教育、文明创建等方式培养采编人员的服务意识，提升采编人员的职业道德修养等。

（五）建立以用户为中心的采编业务模式

图书馆应当摒弃以管理为中心的管理理念，树立以用户为中心、以服务为核心的服务理念，不断创新采编业务模式，以高质量的采编服务满足用户的阅读需要。首先，建立以用户为中心的采编业务模式。在互联网时代，用户的阅读习惯、阅读需要等都发生了深刻变化，应当优化公共图书馆采编流程，让不同年龄段的用户都充分参与到图书采编业务中，以更好地提高采编工作的针对性和科学性。还应当充分考虑用户的受教育程度、职业等因素，按照用户反馈信息制订图书采购计划、加工图书编目等，努力满足用户个性化的阅读需要。其次，建立以信息化为中心的图书馆采编业务模式。随着"互联网+"的深入发展，"互联网+图书馆"已成为图书馆采编业务发展的新模式，为此应当从公共图书馆文献资源过多、数字资源不足以满足现实的现状出发，大力开展电子图书、电子文献采编工作，提高音像资源、数字图书等在图书馆馆藏中的比重。应当创新图书馆采编业务模式，将信息化作为开展采编业务的基本原则，借助信息技术、移动通信技术、人工智能技术、物联网技术等优化图书馆的采编业务，提高图书馆采编业务的科学性和合理性。比如杭州图书馆就大力推进采编业务创新，推出了具有掌上阅读、交流互动、信息反馈等多重功能的"悦读服务"APP软件，不仅满足了用户个性化的阅读体验，还可以及时了解用户的阅读习惯、阅读心理、阅读需要等，大大推动了图书馆采编业务信息化建设。

四、优化图书馆采编业务的保证措施

（一）采用现代先进的科学技术和计算机软件

传统的图书馆采编工作流程还停留在物质资源的采编上，大部分由人工统计和记录。这种方式既耗时耗力，又加大了图书馆的采编成本。随着网络信息技术的不断发展，图书馆信息资源既包括实体文献资源，又包括虚拟电子资源。我们要将现代科学技术、计算机系统和先进的软件应用到图书馆的采编业务中去。运用现代科学技术，采用图书自动化集成系统软件，简化传统的图书馆采编业务流程，将各个环节用计算机系统联系起来，实行联机合作编目，采访、编目工作变得更为简便，一些工序显得无关紧要。这样既防止了工作内容的重复，也节省了人力和物力，还提高了书目数据库的质量和标准化程度，实现了文献资源的共享。将所有的工作环节融合到计算机系统中，扩充网络信息资源整合功能，让包括用户在内的人都能够看到整个系统的信息内容，包括图书馆内图书的数量、分类以及摆放位置、外借情况，从而打破各类图书服务仅限于纸质形式进行的模式，发挥数字化、电子化在采编过程中的作用，同图书馆采编业务发展问题的优化路径相结合，提高信息资源利用开发的效率，进一步规范工作流程，提高采编速度，节约人工成本，提升图书馆采编业务的服务效益。

（二）将经济学投入产出优化模式原理运用到图书馆采编工作中

对图书馆数据中的投入信息和产出信息进行详细的对比和分析，从而达到数据的有效整合。在整合的过程中将重复的内容进行删减，将需要更新的内容进行更新。信息被整理好后就能够大大地减少图书馆采编业务的成本。除了对图书馆书籍的信息进行整合分析外，还要对图书馆其他工作进行成本分析、精确核算，将计划中的经费合理利用分配，如对文献的购置费、人力服务费、设备使用费等各种费用进行合理分配。不同的文献资源形式的工序也不尽相同，应根据不同的文献形式编制不同的业务流程，提高采编业务的针对性。文献的购置费可以适当调高，这样可以多购进些参考文献。适当减少劳务费用或参考文献的管理费用。为了更好地整理书籍信息以及图书采集信息，更好地满足读者对图书的需求，可以采取调查问卷的形式，对读者对图书的具体需求进行详细的调查，仔细研究和分析调查结果，将读者的要求进行分类记录，针对读者提出的建议和要求，制订相应的应对措施，提高读者对图书馆的满意度。根据读者的需求和文化市场的变化，能够更准确地预测未来读者对于读品的需求，应快速将读者的反馈信息反映到图书馆管理部门，从而不断提高图书馆工作的工作效率，节省采编业务和管理工作成本，最大限度地满足读者的读书需求。

（三）采用BRP模式优化采编业务

采用业务流程重组（BPR模式），进行采编业务的内部重组优化，减少部门间功能的重叠，增强部门之间的联系与沟通，打破部门之间各自为政的观念。将图书馆采编业务的每个工作环节和每个环节中存在的问题都进行罗列，然后对每个问题进行分析，制订相应的解决对策。但是这个对策要以图书馆整体利益为前提，以读者的需求为最先考量基准，对整个信息库进行整合利用优化，而不应该以局部利益为分析依据。通过对传统功能的合并、分离、新增来达到重组目标，做到工作设计整体化、组织结构扁平化、操作信息技术化。通过采编业务流程的优化升级，在各类文献信息资源间建立一定的关联，实现分散管理中的相对集中，减少采编作业量，优化相关环节，提高工作效率。

网络环境下信息技术的广泛应用，使得采编工作变得更为简便，一些工序显得无关紧要，可以从上级业务部门或者利用数字技术直接获得，从而减少人员工作量，提高工作效率。在工作环节中发现的问题要及时地进行纠正和解决，对各个工作环节进行整合和优化，不断在采集流程的过程中发掘工作新方向和新方法，改进不足之处，不断提升和更新图书馆采编工作流程，优化采编流程内部的运作过程，使其更加简化和流畅，充分焕发图书馆采编业务的生机与活力。

图书馆采编工作流程模式的优化不仅有利于节省图书馆的书籍管理成本，提高图书馆采编工作的工作效率，更加有利于读者快捷、高效地搜索到自己需要的图书，节省借阅时间。但是对于图书馆的采编工作流程模式的优化工作要始终以读者的需求为基准线，以节约图书馆的采编成本和管理成本为目的，对采编工作的各个环节进行分析和研究，将环节进行简化与细致化管理。

首先应按照以往的采编业务流程，确保编目数据的质量。应在新的流程中设立审核校验数据工序，检查编目中各字段标引是否正确，以确保最终出具的验收报告的准确性。

其次是做好图书订购和验收。新到刊要分门别类，整理期刊填写并核对清单捆扎后，送装订厂验收。为了避免出现新书到馆的滞后性，就要现采与订单相结合，制订新书的到馆周期，来保证采编部顺利完成。同时还要充分掌握现有馆藏资源，认真听取读者的用书意见，构建馆藏图书保障体系。

最后是要控制采编工作质量。一是要加强质量控制，依据图书馆的馆藏图书特色制定符合本馆读者检索习惯的采访工作规则；二是要建立一个较完善的质量监督体系，在重组的流程中设立审核环节，要落实岗位职责，必须要重新制定适合重组流程后的岗位职责。根据采编部重组后的采编流程，采访岗由验收编目加工岗监督，验收编目加工岗审核岗由部门主任监督，从而从制度上保证工作质量。

在整个采编工作流程模式优化的过程中，采编人员会遇到各种各样的难题。但是采编人员要不断地学习和借鉴，巧妙地将现代科学技术和计算机系统运用到图书馆的采编工作中去。

第二节　加强技术标准规范体系建设

一、数字技术的蓬勃发展

随着网络环境与数字技术的快速发展，人类已经跨入全球化的网络文化时代。网络文化是一种开放共享的多元文化，也是数字社会、学习社会、智慧城市平稳推进的必然产物。构建完善的公共文化服务体系要求建立健全图书馆服务体系，打造不同地区、不同层次、不同类型图书馆之间的资源共享网络与服务协同平台。图书馆是公共文化服务必要的基层组织，也是数字文化资源服务必需的网络节点。"十二五"期间，我国基本形成覆盖城乡的国家、省、市、县、乡镇（街道）、村（社区）的数字图书馆六级服务网络，促使基层服务点达到100万个、入户覆盖全国50%以上的家庭；实施"数字图书馆推广工程"，建设覆盖全国的数字图书馆虚拟网、系统平台与资源库群；实施"公共电子阅览室建设计划"，实现公共电子阅览室在全国乡镇、街道、社区的全覆盖。我国的国家数字图书馆工程、全国文化信息资源共享工程等重大文化基础工程，开创了突破时空限制的公共文化服务与交流的开放式平台。数字技术既为公共文化服务体系构建创造了物质条件，也为开展数字文化服务提供了技术保障。

数字技术的推广与应用，不仅确保数字图书馆服务网络实现了从城市到农村的全面覆盖，而且促使数字图书馆服务方式扩展到互联网、手机、电视、智能移动终端等全媒体服务。我国诸多重大文化工程的顺利实施，离不开数字技术与通信网络的充分支撑。借助数据图推广工程、文化共享工程与电子阅览室计划，相关行为主体可以不断改善社区图书馆的信息设施、文化资源、服务手段。为了加强数字服务的标准化、规范化，近年来国家和地方相继出台了一些相关的技术标准。譬如，2014至2015年，文化部相继颁布了《电子图书元数据规范》（WH/T 65-2014）与《图书馆数字资源长期保存信息包封装规范》（WH/T 72-2015）；2016年，深圳市市场监督管理局制定了《公共图书馆统一服务技术平台应用规范》（SZDB/Z168-2016）与《公共图书馆RFID技术应用业务规范》（SZDB/Z169-2016）。

当然，数字技术作为一个庞大的技术集合体，已经深刻影响着图书馆的信息组织、采编业务管理与用户服务。在现代信息技术的驱动下，手工型传统图书馆经由自动化复合图书馆而快速迈向智能化数字图书馆，其物理馆舍与印本文献正在被虚拟空间和数字信息所取代。自20世纪90年代以来，图书馆自动化集成信息管理系统层出不穷，极大地推动了图书馆自动化的发展。譬如，WINISIS是基于Windows的CDS/ISIS系统，即集成化的计算机文献工作管理系统，该系统为图书馆管理自动化、标准化创造了良好条件。近年来，无线射频识别（又称电子标签，英文为Radio Frequency Identification，简称RFID）在图书馆得到了较好的应用。这是一种不用通过机械接触或光学接触，依赖无线电信号识别特定目标并读写相关数据的通信技术，它跟磁卡、IC卡、条码扫描等自动识别技术相比具有突出优点：长距离同时识别多个运动对象，无须人工干预；非接触无磨损操作，使用寿命较长；电子标签密码保护，数据管理安全性高；读写器与标签相互认证，实现安全通信和存储。①数字技术优化了图书馆业务运行体系，改变了图书馆信息服务方式。

随着云计算、大数据、语义组织、数据关联、知识发现、智能分析等数字信息技术的普遍应用，数字图书馆、移动图书馆、智慧图书馆、智能图书馆等逐渐从学术概念走向社会现实。南京大学智慧图书馆建设引入智能机器人"图宝"，掀起了业务管理与信息服务的巨大变革。该智慧图书馆融合了超高频RFID、互联网、物联网、人工智能等技术，可对整个图书馆藏书进行自动化盘点，检查是否存在错架图书、藏书和丢失等现象，实时更新图书位置信息，对图书进行精准定位，告知读者所需图书在书架的哪一层以及在该层的第几本，图书漏读率控制在1%以内，定位精度高达97%，1小时可盘点逾10 000册图书，极大地减少了读者查找书籍的时间。除了高精度、高效率的特点，该产品还具有全自动化、可扩展性强、透明化服务的特点，无需人工干预，实现自动化图书盘点，系统易于部署，无需对现有图书馆以及书架进行任何改造，系统在夜间完成全馆图书的盘点工作，对日常借阅活动不产生任何负面影响。尽管"图宝"因为存在各种问题而表现得不够完美，但它的产生与应用本身就标志着"智能馆员"的横空出世。智能机器人馆员具备引导、查询、交流、咨询、管理等功能，能够实现跟现有图书馆管理系统的无缝对接，从而为信息用户提供全面、准确、高效、快捷、人性的信息服务。只有不断加强图书馆数字化建设、加强新技术研发和应用、推进基层公共数字文化综合服务平台建设，才能真正建立覆盖城乡、虚实结合、功能齐全、均等便捷的图书馆服务体系。

二、数字阅读的积极渗透

阅读是一种从书面语言和符号中获得意义的社会行为、实践活动和心理过程，是阅读主体（读者）与文本相互影响的过程，是阅读主体实践活动与精神活动的一种体现。毋庸置疑，自从符号、图画、文字产生以来，阅读就一直存在；只要人类社会不灭亡，阅读就不会消失。当然，随着知识载体不断变化，阅读形式也会发生相应的改变。兽皮、泥块、甲骨、金石、竹简、木牍、丝帛、纸张等相继成为文献载体，传统的阅读就是从这些实体文献中获取知识信息的行为活动。然而，磁、电、光等新型载体的普遍应用，迅速改变了传统文献生产与传统阅读方式。现代信息技术改变了人类生活与人类社会，数字化虚拟载体文献取代

---

① 王霞.基于RFID的智慧社区图书馆架构设计[J].计算机时代，2013（4）：24-25，28.

传统实体载体文献的发展趋势似乎不可遏抑。20世纪70年代末，Folk、Lancaster等专家学者基于电子文献急剧增长的事实，提出人类不可避免地走向无纸社会及图书馆即将逐渐消失的命题。

当前，数字文献海量剧增，依赖网络即时传播。数字阅读猛烈地冲击着传统的纸本阅读，已经成为我们不可或缺的知识信息获取方式。而数字阅读的发展最大意义在于促进了上游的内容提供商更加开放资源，为图书采编业务提供了极大的便利性。自2001年电子图书开始出版以来，截至2014年年底国内电子图书出版总量超过160万种。在不到30年的时间里，数字文献从无到有，迅速成长，并对纸质文献产生了实实在在的激荡与改变。

数字阅读指阅读的数字化：阅读对象数字化，阅读内容以数字化方式呈现；阅读方式数字化，阅读载体或终端为带屏幕显示的电子仪器。当前，在众多的数字阅读形式之中，移动阅读亦随着无线网络的扩张而不断发展。移动阅读指基于手机、平板电脑、专用阅读器等便携式电子设备开展的新型阅读形态。手机图书馆跟社会大众的移动阅读需求相匹配，因而受到广大读者的青睐。手机图书馆是利用移动信息服务技术，在图书馆提供无线接入方式的基础上，使读者通过接入网络的手机、平板电脑等移动终端享用数字资源的移动图书。它将无线通信网络和图书馆系统结合起来，促使手机服务与图书馆服务实现双向增值，即通过手机上网实现信息通知、借阅管理、数字咨询、在线阅读、虚拟交流等图书馆信息服务。随时随地的移动阅读不仅方便人们获取知识信息，而且方便人们利用零碎时间。因而，移动阅读已经成了人们喜闻乐见的阅读方式，尤其受年轻人的喜欢与钟爱。

近年来，我国信息基础设施建设取得了长足进展，网民数量持续增长并早已跃居世界第一。2014年，34.4%的成年国民进行过微信阅读；在手机阅读接触者中，超过六成的人（66.4%）进行过微信阅读。截至2018年6月，我国手机网民规模达7.88亿，手机网民占比达98.3%；其中10岁以下的低龄网民比例和50岁以上的老龄网民比例分别为3.6%与10.5%，10～49岁的网民群体比例高达85.9%，尤其是30～49岁的中年网民群体比例增加到39.9%。[①]从上述数据不难看出，移动互联网发展势头依然非常强劲，已覆盖各年龄阶段的用户群体，其在中年人群中的渗透加强。庞大的网络用户数量、海量的数字信息资源、方便的信息传输方式，这为人们享受数字阅读提供了前提条件。《2011广东省居民阅读调查报告》的调研数

---

① 中国互联网络信息中心.第42次《中国互联网络发展状况统计报告》[EB/OL. （2018-08-20）[2018-08-26].http://www.cnnic.net.cn/hlwfzyj/hlwxzbg/hlwtjbg/201808/t20180820_70488.htm.

据揭示了数字阅读的发展势头：数字阅读已占总阅读量的70.5%，手机阅读已成最主要的阅读手段。2014年《全国国民阅读调查报告》显示，我国成年国民的网络在线阅读、手机阅读和光盘阅读接触率均有所上升，电子阅读器阅读接触率略有下降，其中网络在线阅读、手机阅读、光盘阅读、电子阅读器阅读的比例分别为49.4%、51.8%、2.0%、5.3%。此外，数字阅读正在从城市走向乡村，农村数字阅读的潜力仍然巨大。截至2018年6月，中国网民中农村网民占比26.3%，规模达2.11亿。显然，随着农村数字阅读的进一步推广与普及，我国数字阅读比重必将急剧增加。

数字阅读已经走入千家万户，正以独特魅力吸引着广大读者。数字阅读兴起为人们提供了更多的选择，不该被视为对传统阅读的背叛与打击。正如程焕文在"第二届全民阅读论坛"上的演说："阅读，不论是精读深读，还是泛读浅读，不论是读书读报，还是读图读网，只要是阅读，就是可爱的，就是美丽的。"既然数字阅读已成为人们所需要的精神食粮，信息基础设施又奠定了良好条件，那么图书馆就应当担负起倡导与保障数字阅读的神圣职责，为推动社会阅读做出应有的重要贡献。

三、数字技术服务的普遍开展

图书馆数字服务早已司空见惯，既有书刊数据库、专利数据库等文字资源服务，又有影像、视频、音频等声像资源服务，还有交互、及时、动态的在线数字服务。《公共文化服务保障法》规定："国家统筹规划公共数字文化建设""建设公共文化信息资源库，实现基层网络服务共建共享""加强基层公共文化设施的数字化和网络建设，提高数字化和网络服务能力"。政府应当依据法律规定统筹规划公共数字文化建设，既要建立海量分布式的公共文化数字资源库，又要打造公共数字文化服务网络平台。国家数字文化网坚持"共享先进科技，助力文化民生"的理念，其中"全国文化信息资源共享工程的主站"集成了"资源平台""专题活动""数字学习港""文化共享大讲堂""文化共享超市"等公共文化资源，打造了一个内容相当丰富的数字资源服务平台。譬如，该服务体系中的"资源平台"，就涉及经典剧场、文化共享大讲堂、放映大厅、文化专题、阳光少年、书香园地、进城务工、快乐生活、农业天地、民族语文、农贸行情、群众资源共12大类文化资源；而"数字学习港"开启了"自主学习"与"集中学习"模式，学习资源包括专题学习、时事学习、政策法规、基础服务、重大项目、信息技术、网站制作、数字资源、特色应用、文化艺术、其他学习共11大栏目。数字图书馆推广工程涉及各个层面的数字服务，诸如开通了移动数字图书馆、少儿数字图书馆、盲人数字图书馆、残疾人数字图书馆、电视图书馆以及政府公开信息平台等6大类型的特色服务。该推广工程设置了呼叫中心、科技查新、虚拟咨询台、馆际互借、文献提供、论文收引、科技咨询、社科咨询、检索证明、翻译服务等服务项目，其服务类别涉及数字资源、在线展览、视听空间、馆藏精粹、古迹寻踪、经典分享等。这些全国性的数字资源共享平台为国民享受公共文化服务提供了条件，但数字服务资源的宣传、选择、推广、整理与利用需要图书馆等服务终端的积极参与。

除了全国性的数字资源共享平台之外，各省市地方政府部门也在积极规划、建设与推广数字文化共享服务。文化民生是居民安家乐业的重要保障，文化幸福是居民幸福指数的衡量指标。2011年初，《广州建设文化强市培育世界文化名城规划纲要（2011—2020年）》要求"重点推进主要街区普及24小时自助图书馆、流动图书馆建设，全市图书馆实现通借通还"。全天候的数字文化资源服务体系，无疑为广州的文化强市提供了强有力的保障。宁波市的一部分图书馆采用现代化、高标准的网络管理模式，通过宁波市图书馆和社区图书馆的合作意向，社区居民只要在宁波文化网上发出借书的电子邮件，市馆就会在48小时内将书送到读者所在社区图书馆并供其借阅。这实际上是图书馆服务体系的表现形式之一，市民只要借助图书馆与宁波文化网就可以方便地读遍宁波之书。宁波市将基层公共图书馆服务整合到宁波文化网中，促使图书馆服务与公共文化服务相互依托、相得益彰、共同发展。浙江省提出要以数字化提升公共文化供给效能，要求推进数字图书馆等网络文化设施建设，建成公共文化网络展示及应用服务平台。数字化公共文化网络服务平台集成了图、博、文等各类公共资源，必然能够为人们便捷地提供各种数字资源。上海市公共文化数字化建设取得了突破，2016年3月，"文化上海云"APP正式上线，已成为国内首个实现省级区域全覆盖的文化数字化服务平台，并对全市400余家各级各类文化机构的信息进行了全面整合。随着智能手机的普遍使用，手机阅读软件架起了用户与图书馆之间数据传输的桥梁，从而确保用户随时随地阅读图书馆的数字文献。

街道（乡镇）、社区（村）级图书馆（室）如何构建虚拟数字社区，如何开展数字资源服务，无疑是一个极其重要、迫切、现实的文化民生议题。一方面，基层公共图书馆应当加强数字化、网络化设施建设，积极充当上级公共文化资源共享网络的服务终端。《乡镇图书馆管理规范（草案）》建议"乡镇图书馆的技术设备应包括电子计算机及相关外部设备、声像视听设备、文献复制设备、自助借还设备及其他设备"，《社区图书馆建设指南（草案）》建议"社区图书馆应根据需要配置若干供业务使用的计算机和供读者使用的计算机设备，并配置相应的网络设备和相关外围设备、视听及音响控制设备等"。这些基层图书馆管理规范与建设指南若能够得到全面实施，就必然为基层居民享受公共文化服务提供强有力的保障。另一方面，基层图书馆还应当积极参与公共文化服务资源建设，将本地特色化的数字文化资源汇集到上级图书馆乃至全国图书馆服务体系之中，从而为我国公共文化资源共建共享做出自己的贡献。

图书馆应当倾情打造虚拟空间，积极参与公共图书馆体系的数字服务。《全国公共图书馆事业发展"十二五"规划》要求"通过总分馆制、图书馆联盟、流动服务、数字远程服务等多种形式延伸图书馆服务""加强对特定地域、特殊群体的服务"。目前农村信息基础设施建设尚需加强，社区图书馆数字服务能力亦有待提高。截至2018年6月，我国非网民规模为5.88亿，其中城镇非网民占比为37.8%，农村非网民占比62.2%。显然，农村居民上网率仍然偏低，网络信息获取能力有待提升。调查表明，上网技能缺失以及文化水平限制仍是阻碍非网民上网的重要原因，因这两种条件限制的非网民占比分别为49.0%和32.5%（见图6-1）。农村绝大多数非网民同样渴望获得数字服务，只是限于知识水平与硬件设施而不能如愿。因此，一方面，政府部门应当加强信息基础设施建设，为基层居民获取数字信息资源创造条件；另一方面，图书馆应提供数字资源与开展培训服务，为基层居民获取数字信息资源提供保障。

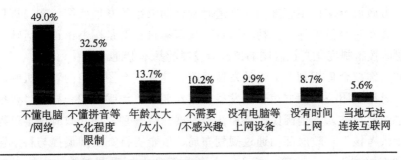

来源：CNNIC中国互联网络发展状况统计调查　　　　　　　2018.6

图 6-1 非网民不上网原因

大中型城市城区普遍寸土寸金，公共文化空间相当紧缺。于是，借助网络技术与数字技术的支撑，小微图书馆逐渐成了一种时尚选择。这些小微图书馆往往是建在社区、商业区、工业区或车站等人流密集地方的"城市街区24小时自助图书馆"，不受开馆时间限制，民众可享受自助查询、自助借还、自助预约等服务。当然，广大农村地区不受空间限制，馆舍成本相对低廉，因而价格较贵的自助图书馆并不适宜。此外，伴随网络快速成长的新媒体图书馆也层出不穷，诸如国家图书馆的"国图空间"和"手机图书馆"，杭州图书馆的"数字电视杭图栏目"和"文澜在线移动图书馆"，泰达图书馆的"数字电视图书馆""移动图书馆"及"微信图书馆"等均很受欢迎。数字资源海量剧增与移动终端持续增长，为图书馆开展虚拟、实时、交互服务奠定了坚实基础。各级政府应当推进"构建面向公众的一体化在线公共服务体系"，积极"发展'互联网+'益民服务"，努力创造数字时代图书馆采编服务的新模式。

第三节　建立有效的合作机制

一、政府部门积极主导

公共文化组织机构是指从事公共文化管理与公共文化服务的行为主体，主要涉及各级政府部门、文化事业单位、公益文化机构、文化管理组织等。公共文化服务事业可持续发展需要政府、社会乃至个体等多方参与，其中政府部门必然是不可或缺的行为主体。图书馆建设同样离不开政府的推动与扶持，应当建立政府主导、统一规划、统一建设的发展机制。

地方政府及文化主管部门应当适时制订图书馆的发展蓝图、布局规划和实施方案，并及时给予指导、扶持与监督。政府拨付经费是图书馆正常运转的前提条件，财政拨款制度化是社区图书馆健康发展的基本保证。

政府需要合理规划图书馆的发展战略，建立健全图书馆的管理机制。《"十三五"时期全国公共图书馆事业发展规划》要求"加强组织领导""要推动将公共图书馆建设纳入本地国民经济和社会发展总体规划，纳入政府议事日程和领导班子绩效考核"。政府部门通过规划布局、资金支持、宏观调控与科学管理积极引导图书馆建设，在政策、投入、服务与管理上加强图书馆的支持与规范。譬如，通借通还的总分馆体系必然涉及馆藏、经费、物流、技术、服务等方面的诸多难题，需要在政府部门主导下，各成员馆协调解决。

图书馆在机构设置、管理权限划分和领导隶属关系等方面的体系、制度、方法、形式的总和称之图书馆管理体制，目前其体制问题主要有：第一，行政指令左右图书馆运转、多元化的行政管理模式及分组管理的财政体制给图书馆建设带来了行业管理体制的分散性，造成了图书馆采编业务工作的非规范化与非标准化；第二，图书馆沿袭传统的机构设置和规章制度，人事制度存在明显弊端，分配制度缺乏有效激励。政府部门应当加强对基层图书馆尤其是农村基层图书馆的管理力度，将制度建设、经费投入、体制改革作为完善图书馆管理的突破口。特别需要指出的是，我国已经出现一批重视公共文化事业建设的城市，相继制定了文明小区评选办法和考核标准。公共文化设施是文明小区考核评比的重要指标，社区文化室与图书馆（室）则是公共文化设施的重中之重。许多城市将社区文化建设纳入文明小区评选办法和考核标准之中，其考核标准通常规定：社区必须要有文体活动场所、文化室、图书馆（室），并定时向居民开放。文明城市、文明小区的评比指标涉及社区图书馆（室）的创办情况，这必然有利于推动社区图书馆等基层公共文化服务设施建设。

政府部门应当建立健全协作协调、人员管理、竞争激励、服务评估等管理机制，切实推动公共文化服务体系建设。各级政府及文化主管部门必须在规划编制过程中建立和健全广大居民的需求表达机制，培养居民对文化建设的参与感、责任感与自豪感以保障图书馆构建战略规划的科学性与可行性。各级民政、文化、财政、建设、规划等政府部门需要协调一致，建立文化事业、经费预算与建设规划等协作机制。只有加快改进与不断完善图书馆的体制机制，才能推动图书馆事业可持续发展。国内文化主管部门需要确定图书馆发展模式，坚持走政府投资、馆社合办、社区共建、社会赞助等图书馆多元化发展路径。也就是说，政府部门应当坚持统筹安排、因地制宜、合理规划、分步实施的基本原则，做好图书馆建设的整体规划、合理布局与加快实施等工作。2018年开始实施的《公共图书馆法》明确规定："县级以上人民政府应当将公共图书馆事业纳入本级国民经济和社会发展规划，将公共图书馆建设纳入城乡规划和土地利用总体规划，加大对政府设立的公共图书馆的投入，将所需经费列入本级政府预算，并及时、足额拨付。"区（县）政府是图书馆建设的当然主体，无论是当地图书馆的规划布局，还是其服务资源与服务保障的总体供给，都需要县（区）级政府及其文化部门坚定地承担责任。

二、地方组织密切配合

地方组织主要以乡村（类）图书馆和社区类图书馆为重点。在乡村图书馆发展的历程中，以知识分子为主体的民间组织一直参与其中并已成重要力量，但存在身份模糊、宣传不足、管理松散等共性问题。仅靠社会力量支撑乡村图书馆建设，显然无法完成农村基层公共文化服务体系的构建任务。近年来，各级政府明显加大对农村公共文化设施的扶持力度，民间组织应当积极整合公益资源并加强同政府部门合作，从而更好地促进乡村图书馆采编业务的建设。在政府文化行政部门的协调之下，切实加强各级政府承担图书馆采编业务建设的主体责任，积极引导各种社区组织自愿参与社区图书馆的创办与服务，那么街道（乡镇）、社区（村）级图书馆采编业务建设就能走上良性发展轨道。

我国社区图书馆主要由社区居委会或社区居民自主创办，尽管经济发达地区从文化事业费用中提取部分经费进行补助，但没有形成公共图书馆服务体系一体化运作机制。社区图书馆归属街道办事处/乡镇政府或居委会/村委会，有时跟乡镇（街道）综合文化站、农村书屋等合而为一。到2017年底，全国共有各类社区服务机构和设施40.7万个（见表6-1），其中社区服务中心（站）共16.8万个（城乡覆盖率为25.5%，城市、农村的覆盖率分别为78.6%与15.3%），社区志愿服务组织9.6万个。近年来，各类公益性的社区组织蓬勃发展，已经成为公共文化服务的重要参与力量。《"十三五"推进基本公共服务均等化规划》强调："加强社会组织孵化培育和人才扶持，采取人员培训、项目指导、公益创投等多种途径和方式，提升社会组织承接政府购买服务能力""大力培育发展社区社会组织，支持其承接基层基本公共服务和政府委托事项"。目前，社区图书馆管理机制并不明确，有的由文化站管理，有的由社区文明办管理。

表6-1　社区服务机构和设施数

指标	2010 年	2011 年	2012 年	2013 年	2014 年	2015 年	2016 年	2017 年
社区服务机构和设施(万个)	15.3	16.0	20.0	25.2	31.1	36.1	38.6	40.7
社区服务中心、站(万个)	5.7	7.1	10.4	12.8	14.3	15.2	16.1	16.8
社区服务中心、站增长率（%）	−9.8	23.9	47.8	23.1	11.7	6.2	5.8	4.3

随着现代化与城镇化的逐步转型，农民脱离世代耕种的土地，开始向城市与城镇集中。农民进城导致农村居民不足，需要适当引导居民点合并。近年来乡镇自治组织呈现相逆现象，村委会逐渐减少，而居委会逐渐增多。截至2017年底，基层群众自治组织共计66.1万个，其中村委会55.4万个，村民小组439.7万个；居委会10.6万个，居民小组137.1万个（见表6-2）。居委会等社区组织需要积极配合社区图书馆建设，因地制宜地选择社区图书馆发展模式。譬如，总分馆制发展模式要求逐步建立以区（县）图书馆为服务中心、街道（乡镇）图书馆为分中心、社区（村）图书馆为服务点的三级服务网络，社区居委会就需要减少干涉具体业务而多加强配套服务，从而为总馆统一管理、统一采购、统一配送、统一服务创造更好的条件。

表6-2 城乡自治组织数

指标	2010年	2011年	2012年	2013年	2014年	2015年	2016年	2017年
居委会（万个）	8.7	8.9	9.1	9.5	9.7	10.0	10.3	10.6
村委会（万个）	59.5	59.0	58.8	58.9	58.5	58.1	55.9	55.4

社区组织是社区服务的重要依托力量，也是社区文化服务的重要参与者。加强社区图书馆建设一方面应当规范基层政府的主体责任，另一方面应当提升社区组织的参与意识，建立"政府行政"与"居民自治"相结合的运作机制。《"十二五"规划纲要》中还提出："积极培育社区服务性、公益性、互助性社会组织，发挥业主委员会、物业管理机构、驻区单位积极作用，引导各类社会组织、志愿者参与社区管理和服务。"针对基层图书馆传统管理模式存在难以克服的弊端，王宗义提出"把基层社区图书馆建设、管理和服务的具体操作交给社区居民"，即"政府将基层图书馆建设与管理纳入社区基础公共服务项目中……在居民自治管理组织中建立社区图书馆管理委员会或相应机构""社区图书馆与街镇、居民小区的文化服务中心的平行或隶属关系，由社区居民自治组织根据本地区实际情况决定"。①社区居民委员会、业主委员会等自治组织积极参与社区图书馆管理，而政府文化主管部门则应当为社区图书馆自治管理提供政策保障与管理支持，建立图书馆运作的协调机构，制订图书馆的发展目标、建设方案、管理机制与服务标准，确保图书馆可持续发展。截至2017年底，全国共有社会组织76.2万个，全年各类社会慈善捐款754.2亿元（民政部门直接接收社会各界捐款25.0亿元，各类社会组织接收捐款729.2亿元），其中，社会团体35.5万个，比上年增长5.6%；各类基金会6 307个，比上年增长13.5%；民办非企业单位40.0万个，比上年增长11.0%。图书馆是公益文化事业的重要组成部分，其发展应当跟道路、公园、公交等公共服务一样由政府职能部门进行规划、建设与管理，并避免公共文化领域出现所谓的"政绩工程""面子工程"。北京市建立了相对规范的行业管理体制，不仅成立北京市社区图书馆工作委员会，而且成立各区县图书馆管理委员会，还成立专门的图书馆基金会，从而有力地促进了社区图书馆事业的规范化管理。

当前，广场舞等看得见的文化活动热热闹闹，阅读推广等深层次的文化服务却相对冷清。如何才能让公共文化服务别沦为"桌上的花瓶"，这是基层政府也是社区居委会应当考虑的事情。新公共文化服务体系构建不能流于喧嚣浮躁的外

---

① 王宗义.社区图书馆员职业空间局限与人力资源配置模式的变革——基层图书馆从行政模式转向公共模式的思考之一[J].图书馆，2012（5）：11-13.

在形式，更不能作为绚丽夺目的政绩工程，而是应当从根本上建立可持续发展的充分满足基层民众文化需求的可持续发展服务网络。近年来，农家书屋等社区图书馆建设取得了一定成效，但"叫好不叫座"的不良现象依然比较常见。社区组织应当密切配合社区图书馆的业务工作，积极规范社区图书馆的日常管理，并不断优化社区图书馆的文化服务，从而将社区图书馆打造成居民满意的文化去处。

三、社会力量踊跃参与

社会力量的概念相当宽泛，一般指能够参与、作用于社会发展的基本单元，即包括自然人与法人在内的个体或团体。因此，社会个体、社会组织、党群社团、企事业单位、非政府组织、非营利机构等都属于社会力量的范围。随着改革开放的深入发展，社会力量逐渐发展壮大起来，并日益成为公共文化服务必要的参与者，同时，也从侧面对发展图书馆采编业务有所帮助。20世纪80年代以后，社会团体和民间组织重新开始介入乡村图书馆建设，各种志愿者组织发起捐书助教和建立图书室活动。社会团体、民间组织、社会贤达等社会力量积极参与乡村图书馆建设，无疑为乡村图书馆等基层图书馆建设增添了不少亮色。文化部《"十二五"时期文化改革发展规划》要求"引导社会力量参与公共文化服务""直接面向社会公众提供公益性文化服务""逐步建立公共文化服务政府采购制度""鼓励民间资本通过招投标等方式"参与公共文化服务。该规划列出了"十二五"期间文化改革的重要任务，尤其是为社会力量兴办具有公益性和准公益性的文化服务组织提供了制度保障。《"十三五"推进基本公共服务均等化规划》提出"积极引导社会力量参与"基本公共服务的创新供给，鼓励"采取招标等方式确定举办或运营主体"，保障"基本公共服务领域民办非营利性机构享受与同行业公办机构同等的待遇"。《"十三五"时期全国公共图书馆事业发展规划》大力倡导社会力量发挥作用，"鼓励和支持公民、企事业单位、社会团体以及其他组织兴建、捐建或与政府部门合作建设公共图书馆，或者通过捐资、捐赠、捐建等方式参与公共图书馆建设、管理和服务"。《公共图书馆法》积极鼓励社会力量参与公共图书馆建设，要求"县级以上人民政府应当积极调动社会力量参与公共图书馆建设，并按照国家有关规定给予政策扶持""国家鼓励公民、法人和其他组织依法向公共图书馆捐赠，并依法给予税收优惠"。

社会力量积极开展办馆助馆活动，是图书馆发展壮大的重要途径。19世纪末20世纪初，卡内基捐款5 616万美元在全球创办了2 509所图书馆（绝大部分建在美国），其捐资建馆的基本要求就是"图书馆应该成为地方的实际存在"。近年来，国内各地图书馆多元化的发展态势日趋明显，社会力量参与创办地方图书馆的成功案例不断涌现。2014年1月2日，朝外街道文化服务中心、朝阳区图书馆、悠贝亲子图书馆共同签署《社会力量参与朝外地区图书馆运营合作协议书》。这标志着北京市出现第一个由社会力量参与管理的街道图书馆——朝外图书馆，其中街道提供设施与场地，社会力量参与运营，区图书馆配送图书资源，政府适当对其提供资金补贴。这种由社会力量参与管理的基层图书馆运营模式，一方面可以充分保障图书馆信息服务的水准，馆舍设施、书刊资源、运行经费等都能够得到保证；另一方面有利于发挥社会力量经营基层图书馆的积极性，诸如在街道（乡镇）文化主管部门与区（县）图书馆制定的服务标准、考核办法等制度规范下，既能做到365天天天开馆、每天不低于8小时、"一卡通"通借通还，又能开展阅读指导、专家讲座、文化沙龙等各类阅读活动。

基层公共图书馆可以联合社会力量共同开展公共文化服务，一方面各合作方集中优势资源有利于打造服务品牌，另一方面各合作方形成利益均沾的补偿机制，包含第三方可以扩大宣传成效，等等。2013年2月，嘉兴市图书馆联合社会力量创办"我与'禾禾'有个约会"活动，形成了禾禾故事会、禾禾手工坊、禾禾科普站、禾禾英语吧、禾禾书虫宝宝等的庞大的"家族"体系。该"禾禾品牌"以亲子阅读天地绘本读物为载体，以嘉兴市图书馆为中心，以南湖区、秀洲区分馆为基本点，已面向乡镇、村、社区辐射铺开了一系列少儿活动。嘉兴市图书馆积极引入社会力量参与少儿活动，走出了以亲子共读活动为龙头的常态化、品牌化之路，并从总馆逐渐拓展到乡镇、村、社区等各个角落。通过多方合作打造"禾禾"品牌，第三方文化组织获得了品牌外溢的经济利益，基层图书馆则开展了更多更优质的公共文化服务活动。

2016年，洛阳市引入社会力量参与公共文化服务在售楼中心创办了洛阳市少儿图书馆高新区分馆，该分馆拥有400平方米服务面积、7 000册图书，除了能与总馆通借通还图书外，还有游戏室童趣十足的儿童游戏以及周末举办的服务活动。其运行机制是活动场所、水电等由房地产商提供，高新区政府负责管理，市少儿图书馆仅提供图书。在跟售楼中心成功合作的基础上，洛阳市少儿图书馆又与"共同成长读书室"、诸葛镇镇政府、高新区幼儿园、洛阳剪纸协会等合作开设馆外服务点或开展特色服务，形成了"萤火虫手工坊"和"萤火虫故事会"等服务品牌。社会力量积极参与办馆助馆活动，增加了基层图书馆的经费来源，拓展了基层图书馆的服务范围，宣传了基层图书馆的服务活动，提升了基层图书馆的服务层次。

民营图书馆大多为公益项目，近年来我国创立了近300家民营图书馆。推进基本公共服务均等化是全面建设小康社会的重要内涵，而大力实施公共服务供给多元化则是基本公共服务均等化的重要保障。《"十三五"推进基本公共服务均等化规划》提出："推进政府购买公共服务""交由具备条件、信誉良好的社会组织、机构、事业单位和企业等承担""加强政府和社会资本合作""广泛吸引社会资本参与""广泛动员志愿服务组织与志愿者参与基本公共服务提供""发挥慈善组织、专业社会工作服务机构在基本公共服务提供中的重要补充作用"。这些重要措施既有利于实现政府职能转型，又有利于引导社会力量参与基本公共服务体系构建。一般来说，只要能够通过购买实现公共服务的，政府就不直接参与承办；只要能够通过合作实现公共服务的，政府就尽量吸引社会资本参与承办。因此，凡是社会能办好的公共文化服务应当尽可能地交给社会力量承担，但在图书馆综合服务体系构建中，社会力量的办馆助馆作用还有待加强。地方政府应当"鼓励机构、个人合作共建或独立兴办社区图书馆"，为社会力量办馆助馆建立相应的采编配套机制。

社区图书馆是一种以社区居民为服务对象的基层公共图书馆，各级政府必然是必不可少的名副其实的建设主体，其他社会团体、志愿组织、慈善机构、公益基金、教育机构、企业实体乃至公益人士等都可以通过合适的方式参与社区图书馆的办馆助馆活动。社区类图书馆建设既要发挥政府的主导职能，又要吸纳社会力量的扶持作用。建立健全社会力量办馆助馆的运行机制，必然有利于推动图书馆事业健康发展。

居民或社会志愿者积极参与图书馆的管理与服务，有利于图书馆掌握居民文化需求并提高服务成效。图书馆是跟居民息息相关的文化服务组织，可以通过开展志愿者值班、荐书、选书、交流、服务等活动加强社区居民参与社区图书馆建设的意愿与力度。相关文化部门了解社区居民需求、听取社区居民意见，有利于宣传社区文化建设、促进社区图书馆开展服务，有利于社区居民关注社区图书馆服务、参与社区图书馆活动，还有利于搭建各方交流平台、促进社区图书馆发展。

四、理事会负责管理

图书馆理事会建设是加强基层公共图书馆建设的重要战略措施，也是图书馆的采编业务进行可持续发展的重要保障。我国图书馆建设需要深化管理体制改革，坚决摒弃空架子、形式主义等不良现象，切实加强采编业务工作的检查、评估与监管，将提升图书馆服务成效与居民满意度作为首要目标。

图书馆理事会建设是国家推动公共图书馆管理体制改革的重要环节，也是图书馆法人治理的重大突破。我国图书馆建设应当走多元化的发展道路，加快基层公共图书馆管理体制改革，形成各级政府、社会力量、居民个体等多元主体共同参与的运作机制。2011年，《"十二五"规划纲要》要求"加快推进公益性文化事业单位改革，探索建立事业单位法人治理结构，创新公共文化服务运行机制"。这表明在公共文化事业领域，法人治理结构已被提上议事日程。2013年，《中共中央关于全面深化改革若干重大问题的决定》提出："建立法人治理结构，完善绩效考核机制""推动公共图书馆、博物馆、文化馆、科技馆等组建理事会，吸纳有关方面代表、专业人士、各界群众参与管理"。该《决定》指明加快建立公共图书馆法人治理结构，广泛吸纳各方代表组建理事会。2016年，《公共文化服务保障法》第二十四条规定："国家推动公共图书馆、博物馆、文化馆等公共文化设施管理单位根据其功能定位建立健全法人治理结构，吸收有关方面代表、专业人士和公众参与管理。"2017年，《"十三五"时期全国公共图书馆事业发展规划》呼吁"建立以理事会为主要形式的法人治理结构，吸纳有关方面代表、专业人员、各界群众参与，落实法人自主权，健全决策、执行和监督机制"。新公共文化服务体系下法人治理制度，仍处于理论探讨与实践推进的初始阶段。我们应当充分借鉴发达国家先进的典型经验，但绝不能照搬。

图书馆理事会建设是建立法人治理结构的探索实践，有利于优化图书馆的布局规划与各项管理。政府部门应当将文化建设纳入社会总体规划之中，各级财政应当逐年增加对文化事业的投入。譬如，主管部门将一些地方的图书馆建设纳入旧城区改造、新城区开发的整体规划，纳入文化资源共建共享的发展规划（数字社区）中。政府主管部门需要将图书馆建设纳入城市发展规划之中，作为现代地方及其公共文化服务体系建设的硬性指标；文化主管部门应当将图书馆创建提升到公共文化发展的战略高度，建立健全管理考核、评估定级等图书馆的运作机制。

地方图书馆理事会建设需要多方积极参与，逐步加强监管力度。除加强政府部门的制度建设、公共投入与监管力度外，还需充分发挥社会力量、民间组织的评价职能与监管作用，如建立由公民代表、社会贤达、专家学者等组成的理事会，确保基层公共图书馆为民所有、为民所需与为民所用。澳大利亚的地方图书馆直属于市政府，其监察机构是地方图书馆管理委员会。该机构由市政府议员、政府高级行政人员、图书馆职业代表组成，负责监督地方图书馆的服务与运作情况。理事会应当充分履行监管地方图书馆的职责，诸如牵头设立地方图书馆建设基金，积极接收社会资金并进行合理分配。理事会成员应当充分吸收地方用户参加，不少民众愿意承担上联下达、反馈意见与参与管理等责任。《图书馆服务规范》指出：地方图书馆应当"设立读者意见箱（簿），公开监督或投诉电话，每年至少应召开一次读者座谈会，对读者意见或投诉应在五个工作日内回复并落实""每年至少应进行一次读者需求和服务满意度调查，调查表发放数量不少于100份，回收率不低于80%（含），满意度不低于85%（含）"。理事会制度的建立、实施与完善，必然是加强地方居民与地方图书馆之间进行有效沟通的途径。

我国地方图书馆理事会建设应当借鉴经验，诸如完善运行机制并提升地方图书馆的便利度，培植民众对图书馆的认同感与信任度，扩大地方文化参与体系及促进地方居民的融合意识，发展学习支持系统及打造社会教育基地。

第四节　保障资金投入

公共文化服务体系构建已经成为经济社会发展总体规划的一项重要内容，政府各级财政应当大幅度增加公共文化服务事业拨款。图书馆作为基础性的公共文化设施，其创办经费与运行经费必须列入政府的财政预算，这是解决馆舍破旧、设备紧缺、馆藏匮乏与人员不足等问题的根本保障。一般来说，政府拨付图书馆财政经费应当遵循一定的预算比例，即依据国民收入、财政收入和居民数量等因素来确定拨付图书馆的建设资金与采编等业务经费。政府应当制定图书馆经费划拨标准，并把相关经费支出纳入财政预算。图书馆的人财物是保证图书馆工作和服务正常运转的基础，只有切实建立图书馆人财物的保障制度，图书馆才能更好地为读者服务。政府加大县、乡（街道）、村（居委会）三级文化设施的资金投入，也可以通过社区集体投资或社区居民集资创办图书馆。我国六级公共文化服务体系建设的难点在于中西部贫困地区的农村基层，重点是县、乡镇和村级公共文化机构的人员保障和经费保障，解决这些难点与重点问题需要建立完善的公共文化服务运行保障机制。2017年文化部发布《"十三五"时期全国公共图书馆事业发展规划》，要求"建立健全经费保障机制""支持农村和城市社区的公共图书馆（室）建设"。政府部门实行适当的政策倾斜，因地制宜地创办图书馆，尤其是优先扶持中西部地区的图书馆建设。

举例来说，我国大部分地区的图书馆在创办与运营过程中，区（县）级政府应当成为经费拨付的当然主体。《社区图书馆服务规范》明确提出：当地图书馆的"日常运营经费应列入区（县）政府财政预算""包括场馆运行、人员工资、文献购置、阅读推广活动及宣传、网络通信、业务培训、设备维护、日常办公等"。通常来说，公共服务缺乏竞争力、原动力与经济效益，因而需要政府强势介入。倘若将公共文化服务完全推向市场，就会破坏普遍、均等的基本原则。加强文化建设是培育特色文化与塑造精神风骨的基本途径，因而政府部门应当加强公共文化服务机构的统筹规划、合理布局与规范服务。

发达城市的经济、文化、交通基础较好，可以推行"三级财政保障机制"的总分馆体系，即按照市级统一规划、区（县）级重点保障、基层具体实施的基本原则，形成市、区（县）、街道（乡镇）共同出资与统一管理的运行机制，建立布局合理、资金到位、服务规范的图书馆服务网络。这种分级拨付经费而又集中统一管理的总分馆模式，既能明确各级政府的基本责任，又能充分调动基层的积极性，还能打造高水平的图书馆服务平台。加大图书馆经费投入，除市财政、区财政固定的经费下拨外，街道与社区也应当进行资金扶持。

贫困乡村的图书馆通常缺乏足够的建设经费，政府财政支持无疑是图书馆事业可持续发展的根本保障。我国西部地区财政支出相当紧张，中央政府应当通过专项经费扶持其公共文化设施建设，"中央、省、市三级设立农村文化建设专项资金，保证一定数量的中央转移支付资金用于乡镇和村文化建设"。中央财政通过转移支付方式支持各地的公共文化事业建设，2011年至2014年，中央财政累计安排公共文化服务体系建设相关资金704.53亿元，其中2014年安排资金达到208.07亿元。在"中央—省—市—县—乡镇"五级政府中，县级政府是基层公共文化事业经费的拨付主体。中西部经济欠发达地区基层财政极度紧张，其中很大一部分需要依靠为解决财政失衡而采取财政资金的转移支付。公共文化服务体系构建需要建立县级财政的最低支出保障制度，通过提高转移支付的制度化、规范化与透明化来"托底"基层公共文化建设。然而，更重要的是中西部基层居民应当认识到图书馆的重要性，切实从多个途径征集图书馆建设经费。

公共文化事业经费是开展公共文化服务的资金保障，包括政府拨款、民间集资、社会赞助、慈善捐款等。增加政府投入是搞好文化建设的主要手段，吸收民间资本是搞好文化建设的辅助手段，接受社会捐赠是搞好文化建设的可行手段，共享图书资源是搞好文化建设的必要手段。图书馆采编业务的发展经费首先依靠政府的财政拨款，其次依靠上级主管部门和社区相关单位给予部分资金支持，再次是接受赞助和捐赠，最后是图书馆可根据自身营利来自筹经费。政府部门必须确保图书馆的经费投入，及时更新馆藏、添置设施等。2000年以来，国家接连出台《国务院关于支持文化事业发展若干经济政策的意见》《公共文化体育设施条例》以及《国务院关于投资体制改革的决定》等系列政策，为社会力量参与图书馆建设提供了必要的政策依据。社会力量参与捐资办馆助馆等公益事业，依照《中华人民共和国公益事业捐赠法》享受税收减免等优惠待遇。政府与社会需要协调行动，制定一系列的配套措施，为图书馆建设提供保障。

　　基层组织应当因地制宜选择创办主体，转向社会力量，开展多元化的资金筹措活动。有学者提出地方内外共同努力增加资金投入：争取政府投入，财政拨款为图书馆持续发展的经费保障；引导社会力量办馆，鼓励企事业单位、私营业主和各界人士兴办小型图书馆；吸收社会资金，如通过为企业或个人冠名争取资金；引书店进地方，售书与阅览相结合，书店与图书馆双赢。政府财政拨款与社会力量资助是图书馆采编业务建设的两大经费来源，因而一方面需要政府依法行政、科学管理，加大基层公共图书馆事业投入；另一方面需要社会普遍参与、共同行动，拓展基层公共图书馆的办馆助馆活动。在普遍均等服务目标的驱动下，我国政府和图书馆界在基层图书馆建设、总分馆建设、区域性服务网络建设等方面开展了一系列的创新活动。通过财政预算、专项投入、转移支付、社会资助等多元化经费投入，确保图书馆的创办与运行走上良好的发展轨道。

　　基层配套、社区自筹、社会赞助、专项补助等也应当成为图书馆建设经费的重要补充。除了各级政府根据相关制度规定定期拨付的财政预算款之外，图书馆建设还应当通过各种方式吸收社会资金，为地方图书馆的设施改善、文献增多、服务优化创造条件。洛阳市少儿图书馆引入社会力量创建高新区分馆，每年节约的租金、水电费用、员工工资等达到20万元以上，当前总馆只负责更新图书，省心省钱又能改善服务。纵观人类社会发展历史，公益团体、慈善赞助、爱心机构、社会贤达等从来都是公共服务重要的依靠力量。社会力量办馆助馆值得开拓、宣传与鼓励，有利于加强基层图书馆的馆藏建设与业务活动，也有利于改善基层图书馆的服务能力与服务方式。基层图书馆建设经费是否充裕，直接关系到其馆藏资源之多寡与服务能力之高低。在政府拨款不足的情况下，文化主管部门就要大力吸引社会力量参与图书馆建设。

　　总体来说，提升公共图书馆的采编业务是提升社会精神文明建设水平的关键性工作，本书对公共图书馆建设业务存在的不足进行总结研究，并且针对公共图书馆采编建设工作的实际需要，对现代公共文化服务视角下的图书馆的采编业务建设的实际问题加以研究，制定符合实际情况的图书馆工作优化策略，对提升图书馆采编业务的综合建设水平具有非常重要的意义。

参 考 文 献

[1] 龚高健. 经济社会热点问题追踪与观察 [M]. 厦门：厦门大学出版社，2015.

[2] 龚蛟腾. 城镇化进程中基层公共图书馆建设研究 [M]. 北京：知识产权出版社，2015.

[3] 顾敏. 图书馆采访学 [M]. 台北：台北学生书局，1979：5-6.

[4] 国民经济和社会发展五年规划纲要 [EB/OL].http：www.npc.gov.cn.

[5] 洪伟达，王政. 以图书馆为基础推进公共文化服务体系建设 [J]. 图书馆建设，2014（3）：12-16.

[6] 黄宗忠. 文献采访学 [M]. 北京：北京图书馆出版社，2001：5.

[7] 霍瑞娟. 社区图书馆多元化发展研究 [D]. 湘潭大学，2015.

[8] 蒋永福. 图书馆学基础简明教程 [M]. 北京：知识产权出版社，2012.

[9] 柯利，布罗德里克. 图书馆藏书建设 [M]. 北京：书目文献出版社，1991：15.

[10] 李国新. 现代公共文化服务体系建设与公共图书馆发展：《关于加快构建现代公共文化服务体系的意见》解析 [J]. 中国图书馆学报，2015（3）：4-12.

[11] 潘跃勇. 中国民办图书馆开拓者 [N]. 人民日报（海外版），2008-07-16（7）.

[12] 秦巧春. 公共文化服务体系建设与图书馆事业发展 [J]. 价值工程，2012（9）：300-301.

[13] 王霞. 基于 RFID 的智慧社区图书馆架构设计 [J]. 计算机时代，2013（4）：24-25，28.

[14] 王宗义. 社区图书馆员职业空间局限与人力资源配置模式的变革——基层图书馆从行政模式转向公共模式的思考之一 [J]. 图书馆，2012（5）：11-13.

[15] 魏建琳. 公共物品理论视阈下社区图书馆的概念与演变规律探析 [J]. 图书馆建设，2014（3）.

[16] 温友平. 文化的力量 [M]. 深圳：海天出版社，2012.

[17] 文化部，国家计委，财政部. 关于进一步加强基层文化建设的指导意见 [N]. 中国文化报，2002-04-25（3）.

[18] 乌日娜 . 社区图书馆在建设阅读型社会中的作用 [J]. 河南图书馆学刊，2013（10）：16-17.

[19] 夏彦，刘磊，冯英华 . 城市社区图书馆现状与公众需求调查与分析 [J]. 图书馆杂志，2010（6）：31-33，60.

[20] 肖永英，阳娟兰 . 广州市社区图书馆读者满意度调查 [J]. 图书馆，2010（5）：53-57.

[21] 中国互联网络信息中心 . 第 42 次《中国互联网络发展状况统计报告》EB/OL.[2018-08-20][2018-08-26].http：www.cnnic.net.cn/hlwfzyj/hlwxzbg/hlwtjbg/201808/t20180820_70488.htm.